JN437028

그대
내 곁에
있어 주었기에

그대
내 곁에
있어 주었기에

최대관 수필집

수필과비평사

작가의 말

'이순이 넘으면 구멍가게도 차리지 말라' 는 말이 있다. 그런데도 적지 않은 사람들이 혹시나 하는 기대감으로 새로운 세계에 도전한다. 이유는, 도전해 보지 않을 수 없어서다. 멀쩡한 몸으로 퇴직을 했으니 죽을 때까지 살아갈 일이 꿈만 같기 때문이다. 이들이 바라는 것은 일확천금도 아니요 부귀영화도 아니다. 인생 3막을 남에게 의지하지 않고 추하지 않게 마무리하려는 소박한 바람에서다.

그런데 글쓰기와는 거리가 멀었던 사람이 이순이 넘어 수필쓰기에 도전한다는 것은 이순이 넘어 구멍가게를 차리는 것만큼이나 무모한 도전이었다. 내가 처음으로 수필쓰기를 시작했을 때 다른 세상으로 이주해 온 것처럼 낯설고 남의 옷을 입은 것처럼 어색했다. 그러나 열심히 노력한 결과 수필쓰기를 시작한 그해 가을 ≪대한문학≫에서 신인상을 받고 수필가로서의 첫 걸음을 뗐다. 하지만 어느 누구에게도 '나는 수필가입니다.' 라는 말을 할 수 없었다. 초보운전자가 노련한 운전을 위해서는 숙련이 필요하듯이 폭 넓고 속 깊은 수필을 쓰기 위해서는 많은 시간과 더 많은 노력이 필요했기 때문이다.

수필쓰기 시작한 지 6년, 수필집을 출간하기 위해 준비하고 있다. 수필의 내용이 나를 중심으로 한 평범한 주제들이다 보니 중복되는 내용도 많고 깊이 있는 글도 없다. 나의 글들이 활자화 되어 세상 밖으로 나왔을 때 '이 정도 수준의 글이라면 발표를 하지 말았어야 했다.' 고 혹평이나 하지 않을까 두렵다. 하지만 이러한 글일망정 때로는 머리를 싸매며 고민했고, 밤잠을 못 이루며 몸부림쳤음을 고백하며 해량하여 주시기를 바랄 뿐이다. 더 깊은 글을 쓰도록 노력하겠다.

2017년 8월

소산 **최대관**

목 차

1부. 선수와 훈수꾼

2부. 시골성당

3부. 4중주와 4중창

4부. 위대한 약속

5부. 그렇게만 된다면

6부. 취중醉中약속

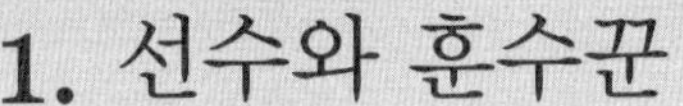

1. 선수와 훈수꾼

소산笑散

내가 제일 좋아하는 음식은 돼지고기와 소주다. 아무리 힘들고 복잡해도 돼지고기와 소주만 있으면 그 고통은 반감된다. 집에 적지 않은 양주와 화주火酒가 있지만 눈으로만 마실 뿐 절대 입으로는 마시지 않는다. 그런 내가 젊은 시절 돼지고기도 술도 없는 중동, 이슬람 국가에서 5, 6년 동안을 근무했다. 휴가를 얻으면 '제일 먼저 사우나에 가서 묵은 먼지 벗겨내고, 생각만 해도 목젖에서 침이 오를 정도로 곰삭은 김장김치에 돼지고기 듬직듬직 썰어 넣고 자갈자갈 볶아 소주나 코가 비뚤어지도록 마시고, 실컷 잠이나 자야지.' 생각하고 집에 온다. 하지만 집에 도착하면 본래의 생각은 온데간데없다. 그보다 중요한 일도 많고 할 일도 많기 때문이다. 하지만 초등학교시절 방학 내내 정신없이 뛰어놀기만 하다가 개학이 다가오면 슬슬 걱정이 되기 시작하듯이 휴가가 끝나갈 무렵이면 슬그머니 불안해지기 시작한다. 그리고 결국에는 아쉬움과 미련만 잔뜩 가슴에 안고 중동행 비행기에 몸을 싣곤 했다.

어제는 모처럼 동창친구들과 저녁식사 모임이 있었다. 친구들이라 해봤자 모두 네 명이다. 공천 탈락한 사람들 주워 모으듯 이 사람 저 사람 주워 모으면 어찌 이쁜이겠는가만 코드가 맞는 친구들만 모이게 되니 모임이 항상 단출하다. 네 사람이 모이는 데도 몇 차례씩 전화를 하고 각자의 스케줄에 맞추다 보면 약속이 깨어지기도 하는데 어제의 모임은 일사천리로 이루어졌다. 한 달에 한 번을 본다 해도, 일 년이면 열두 번이고 십 년이면 백이십 번이니 이 친구들의 얼굴 볼 일도 그리 많이 남은 것 같지 않기에 모임이 거듭될수록 가슴 찡함이 아쉬움에서 서글픔으로 변해간다. 그런데도 한 달에 한 번은 고사하고 두세 달에 한 번 정도 본다.

물론 어제의 메뉴도 돼지고기와 소주였다. 모임에 가장 먼저 도착하는 사람은 바로 나다. 성질 급한 나는 친구들이 도착도 안 했고 음식을 주문하기도 전에 마치 목마른 사람처럼 소주를 몇 잔 마셔야 직성이 풀린다. 그리고 나서야 겨우 좌석이 찬다. 비록 전공은 같지만 생업의 분야도 모두가 다르고 개성 또한 유별나다. 영 어울리지 않을 것 같은데도 별 탈 없이 사십여 년을 이어 온 우정이다. 예전에는 모이면 직장 이야기며 자식들 문제가 화두였다면, 지금은 자신의 건강문제며 인생의 마무리에 대한 것들이 주 화젯거리가 된다. 친구라지만 삶의 환경이 다르고 거느린 처자식이 다르니 어찌 생각이 같을 수 있겠는가. 하지만 듣다 보면 모두가 한결같이 옳은 말들이다.

창밖에는 봄꽃들이 흐드러지게 피어 있고 봄바람은 수줍은 듯이 코끝을 스쳐간다. 봄은 마치 봄처녀가 복사꽃 살구꽃처럼 곱게 단장하고 좀 보아달라는 심정으로 사랑하는 임 앞을 시치미 떼며 걸어가듯 소리 없이 가버린다. 봄 향기는 향은 있어도 그 실체가 없어 더욱 아쉽다. 화창한 봄 날씨에 정다운 벗들이 있고 맛있는 음식이 있고 술 또한 있으니 이 시간만은 왕후장상이 부럽지 않았다. 술도 거나하게 한 잔씩 들어갔으니 이 세상사 더도 말고 덜도 말고 이 순간만 같았으면 했다.

이야기는 술잔처럼 돌고 도는데 한 친구가 갑자기 정색을 하며 나를 보았다. 순간 나는 술에 취한 눈이지만 반사적으로 친구의 눈을 마주 보았다. 그 친구가 "우리 친구들 중에 문학을 하는 친구가 없었는데 그래도 대관이가 수필을 공부하여 등단도 하고, 지금도 열심히 공부하고 있으니 자랑스럽다. 그래서 내가 대관이의 필명筆名을 오랫동안 생각을 해 봤는데, 어디에 가든 구수한 입담으로 주변사람들에게 웃음을 안기고, 험악한 분위기를 반전시키는 재주가 있으니 웃을 소笑, 흩을 산散, 소산(笑散 : 웃음을 선사하는 사람이란 뜻)을 추천하네." 했다. 내가 생각해보아도 그럴듯한 필명이었지만, 나 같은 주제에 웬 필명까지나 하는 생각에 머쓱했지만 다른 친구들이 모두 좋다고 하여 그 자리에서 흔쾌히 수락하고 말았다. 선배도 스승도 아닌 친구가 필명을 지어주다니 흔치 않은 경우 같다. 하지만 이제 또 하나의 이름이 주어졌으니 하나였을 때보다 두 배는 열심히 살아야겠다.

어제는 여느 때보다도 음식도 맛있고 분위기도 좋았다. 다음 날 아침, "요번에도 당신이 계산했소?"라고 아내가 힐책할 것도 망각하고 내가 계산을 해버렸다. 벗들과 헤어져 밤공기를 온몸으로 맞으며 돌아오는 봄 길이 그렇게 행복할 수가 없었다.

그대 내 곁에 있어주었기에

내가 이승과의 인연을 맺은 후 무엇 무엇들이 내 곁을 스쳐 지나갔을까. 첫 번째 인연은 단연 부모님과의 만남이다. 6 · 25전쟁이 발발한 다음 해 봄, 어른들조차도 살아남기 힘들다는 춘궁기에 태어났고, 전쟁으로 오갈 데 없던 부모님들은 외갓집 더부살이를 하며 눈칫밥 얻어 먹이면서도 용케도 나를 살려내셨다. 친가도 외가도 대대로 내려온 천주교 집안이어서 어린 시절부터 혹독한 가정교육을 받았다. 하지만 그 지긋지긋한 시련이 나에게는 오히려 종교에 대한 반발의식과 가난에 대응하시는 부모님들의 못 마땅한 처신에 대한 불만만 증폭시켰다. 어린 나이에도 부모님이 현실과 타협하길 바랐지만 부모님은 끝내 믿음 쪽을 택하셨다. 하지만 현실에 무능하신 부모님이 의지할 곳은 이 세상이 아닌 다음 세상이었으니 당연했을지도 모른다. 그런 아버님은 나와의 인연을 맺은 지 24년 만에, 어머님은 29년 만에 나를 두고 내 곁을 떠나셨다. 모진 가난 때문에 나를 이 세상에 초대한 것에 대한 원망은 내가 부모님 곁으로 돌아갈 날이 하루씩 가까워지면서 이제는 원망도 연민으로 변해버렸다.

다음은 형제들이었다. 위로는 누나가 있었고, 다음은 형, 그리고 나, 여동생, 남동생들 모두 일곱이었다. 옛날에도 일곱은 적지 않은 수였다. 이런 어려움 속에서 용단을 내리셨던 분은 역시 어머님이셨다. 자식들은 하루가 다르게 커나가지, 하나 둘씩 상급학교에 진학하지, 이러한 상황에서 먹이고 입히고 가르칠 수 없다고 판단하신 어머님께서 내가 초등학교 4학년 때 아버님과 나만 시골에 남겨두고 나머지 자식들과 함께 도회지로 떠나셨다. 한창 응석을 부리며 어머님의 사랑을 받고 자라야 할 나는 졸지에 사랑에 굶주린 어린 철학자가 되고 말았다.

어려우면 야무지기라도 해야 할 터인데 나를 제외한 형제 모두가 비전도 없이 삶아놓은 무처럼, 허물 벗은 게처럼, 뼈다구 없는 거머리처럼 야망도 욕심도 없었다. 부모님들의 무능함과 형제들의 안이한 사고방식 때문에 나는 항상 불만으로 가득 차 있었다. 그중에서도 형이라는 사람은 고등학교시절부터 하라는 공부는 안 하고 드럼을 배워 일명 딴따라가 되었으니 집안에서는 밥이 끓는지 죽이 끓는지도 모르는, 조선 팔도에서 둘째가라면 서운할 한량 중의 한량이었다. 그런 형마저 삶의 무게가 버겁다고 나에게 다 떠넘기고 50대 초반에 나와의 인연의 끈을 놓아버렸다. 그런 상황에서 너무나 일찍 애늙은이가 되어버린 나는 너무나도 쉽게 현실과 타협하고 꿈을 접어버렸다.

다음은 어릴 적 친구들이다. 함께 싸우며 크고 공부했던 어릴 적 친구들은 제 살길 찾아 사방천지로 흩어져 생사조차 알 길 없으니 더욱 그립다. 이들과 함께했던 세월이 고작 10여 년, 이제는 흔적조차 찾을 길 없고 기억마저 희미해져간다. 천 갈래 도랑물도 강에서 만나고 강물은 돌고 돌아 바다에서 만난다는데 길을 가다가 우연히라도 꼭 한 번은 보고 싶다.

봄꽃의 아름다움도 꽃향기도 내 곁을 스쳐 지나갔다. 어디서 왔다가 어디로 가는 줄도 모르는 바람도 스쳐 지나갔고 금세 떴다가 사라져간 구름도 다녀갔다. 가을의 아름다운 단풍도, 겨울철 온 대지를 하얀 도화지로 만들었던 백설도 내렸다가는 녹아 사라져 버렸다. 그리고는 가슴속에 그 영상만 또렷한 추억으로 남겨두고 떠나갔다. 너무도 짧은 인연이었다.

마지막으로 아내와의 인연은 운명처럼 이루어졌다. '세상에 공짜는 없다.' 라는 신념 하나를 믿고 살아온 나다. 부자가 부러우면 본인이 부자가 되면 되고, 지혜가 풍부한 사람이 되려거든 많은 배움과 경험을 통해 이루면 된다. 미인을 부인으로 취하려거든 그만한 자격을 갖추면 된다. 물론 결코 쉬운 일은 아니다. 하지만 노력 없이 좋은 결과만을 원한다면 도둑과 다를 바 없다. '절대적인 빈곤에서의 탈출과 신분상승을 위해서는 교육이 필수다.' 라는 교훈은 어머님을 통해 누누이 들어왔던 가르침이었다. 어린 동생들을 희생시키고 대학에 진학했고 뼈를 깎는 듯한 고통은 오기와 끈기로 틀어막았다. 그리고 졸업한 후에는 희생당했던 동생들을 충분한 교육으로 보상해주었다.

대학 2학년이 되던 해, 아침 햇살이 눈이 부시도록 화사한 어느 봄날, 캠퍼스에서 처음으로 아내와의 인연이 살짝 스쳐 지나갔다. 그 찰나의 인연이 백년해로의 첫 매듭이 되었다. 첫눈에 저 여인과 함께라면 사막을 걸어도 행복할 것만 같았다. 그녀의 크고 시원한 눈 속으로 빨려들어가고 있었으나 내 처지로는 언감생심 말 한마디 못하고 뒤돌아서야 했다. 그녀와 나와의 격 앞에서 좌절하고 말았다. 하지만 인연이란 알다가도 모르는 것, 실오라기 같은 인연의 끈은 끊이지 않았다. 내가 대학을 졸업하고 직장을 다니면서 절대빈곤에서는 벗어날 수는 있었으나 남 앞에 내세울 신분상승은 요원한 일이었다. 한데 눈에 콩깍지가 씌었던가. 솔직히 내가 아내를 선택한 것이 아니라 아내가 나를 선택해 준 것이다. 아내에게 왜 하필이면 나였을까. 그건 분명 운명이라는 말로밖에 설명할 수가 없다. 아내는 분명 그것을 보았으리라. 나의 성실함과 정직, 그것 하나면 비록 지금은 어렵더라도 자신의 평생을 맡겨도 될 만한 사람이라고 생각했으리라. 캠퍼스에서의 첫 만남에서부터 결혼까지 무려 십 년이란 짧지 않은 시간이 흘러갔다.

막상 시집이라고 와보니, 젓가락 숟가락 하나 없었다. 하나같이 형을 아버지처럼, 오빠를 어머니처럼 생각하고 바라보는 어린 동생들을 내치지 않고 먹이고, 입히고, 가르치고, 시집 장가보내고, 취직시켰다. 그리고 바늘 하나 헤집고 들어갈 틈이 없는 남편의 완고한 고집. 그때부터 아내의 고생은 시작되었다. 그 고통 속에서도 셋째 남동생과 넷째 여동생을 중학교부터 대학까지 먹이고, 입히고, 재우고, 가르치고, 취직시키고, 결혼까지 모든 것을 짊어졌음에도 신음소리 한 번 토하지 않고 묵묵히 내 곁에 있어 주었다. 좋은 집 마다할 사람 어디 있으리오. 화려한 옷, 맛있는 음식 싫다 할 사람 세상 천지에 어디 있으리오. 남동생 여동생 등록금을 동시에 챙겨야 할 때에는 내 봉급으로는 부족해 결혼 때 해준 알량한 반지를 팔아 마련했다는 이야기는 20년이 지나서야 나에게 해주었다. 그러면서도 아무런 말없이 내 곁에 있어 주었다. 총각 때 마련한 아파트는 시숙어른이 말아먹고, 20년 공들여 쌓은 건물은 시누이가 말아 먹었어도 불평 한마디 없이 내 곁에 있어 주었다. 그러면서도 행여 남편이 밖에 나가 기죽을세라 자신은 변변한 옷 하나 없으면서도 내 옷에만 신경을 쓰고 있다. 그러면서 지금도 내 곁에 있다.

삶의 무게가 버거워 쓰러지려는 나를 몇 번이나 붙잡아 일으켜 세웠던가. 보잘것없던 시댁을 남들이 부러워하는 집안으로 일으켜 세워준 아내이지만 아직도 '미안하오, 고맙소, 사랑하오.'라는 말은 낯간지러워 하질 못한다. 다음 번 아내의 생일날에는 아내의 고운 마음씨만큼이나 아름다운 꽃을 한 아름 선물하련다.

여보, 고맙소, 사랑하오. 그리고 우리의 인연이 다하는 날까지 오래 오래 건강하게 삽시다.

선수와 훈수꾼

불난 곳에는 불구경꾼들이 모이고 싸움하는 곳에는 싸움 구경꾼들이 끌기 마련이고, 장기 두는 곳이나 윷놀이 하는 곳에는 훈수꾼들이 있기 마련이다. 하기야 남의 집 불구경이나 싸움 구경만큼 신나는 구경거리가 또 있을까. 그래서인지 어린 시절에는 일부러 옆집 개와 개싸움도 시키고 닭싸움도 시키곤 했었다. 그런데 우리 집 개가 남의 집 개에게 지고 나면 마치 내가 그 집 아들에게 진 것 같은 생각에 화가 치밀곤 했다.

남의 장기판에 끼어들어 훈수해봤자 상대방에게 핀잔이나 얻어 듣고 아차 하면 귀싸대기를 얻어맞을 지경인데도 끈질기게 훈수하는 사람이 있다. 훈수한다고 두 눈을 부릅뜨고 잡아먹을 듯이 호통을 쳐대면 슬그머니 뒤꽁무니를 뺐다가도 잠시를 못 참고 또 훈수를 둔다.

그런데 문제는 훈수꾼들은 자신들의 실력이 대단치 못한 것을 깨닫지 못하는 데 있다.

몇 달 전, 동네에서 주유소를 운영하는 후배로부터 연락을 받았다. 직원 두 사람 중에 한 사람이 그만 두게되어 충원이 필요하단다. 시내에서 멀리 떨어진 외곽의 주유소이다 보니 적당한 사람을 물색하기가 어려워 궁여지책으로 나에게까지 연락을 했던 것 같았다. 집에서도 가깝고 특별한 일거리도 없고 용돈도 필요하던 차에, '주유소 일이 별것이겠나.' 라는 가벼운 생각에 덜컥 승낙하고 말았다. 이 말을 들은 아내는 아연실색했으나 약속은 약속이었다.

다음 날 아침에 허름한 작업복으로 차려입고 난생처음으로 주유기를 들었다. 두 사람이 12시간씩 주야로 맞교대를 한단다. 주유소 일이 별것 아닐 것이라는 나의 생각은 근무 시작 후 채 1시간도 지나지 않아 '주유소 일이 별것이구나.' 로 바뀌고 말았다. 사람들도 식사 시간대가 비슷하기에 식사시간에 식당이 붐비듯이, 낮 동안에는 한산했다가도 아침 일과 시작 전과 일과를 마치는 시간대에 차들이 밀려든다. 커다란 화물차 몇 대가 한꺼번에 밀려들면 그 널따란 주유소가 마치 전쟁터로 변하는 것 같았고, 익숙지 못한 나는 마치 놀란 강아지처럼 허둥대기 일쑤였다. 주유소에서 가장 큰 사고가 디젤 차량에 휘발유를 주유하거나 반대로 휘발유 차량에 디젤을 주유하는 사고란다. 아차 하는 순간에 실수를 하면 차량을 변상해 주어야 한단다. 가장 큰 고통은, 다른 일은 내 스스로 스케줄을 작성하여 일을 하지만 주유소 일이라는 것은 언제 올지도 모르는 손님을 기다려야 하니 한시도 해찰을 할 수 없는 것이었다. 일을 시작한 지 채 하루가 지나기도 전에 그만두어야겠다는 생각이 들기 시작했다.

시골 주유소이다 보니 사무실은 동네사람들 사랑방이었다. 과수원에 농약 치러 가다가도 들러 물도 마시고, 논에 물 대러 가다가도 들러 커피도 마시고 간다. 논밭에서 일하며 신은 신발을 그대로 신고 사무실에 들어오니 사무실 바닥은 논바닥 같고 청소는 항상 내 몫이었다. 그렇다고 동네사람들에게 인심 떨어지게 야박하게 할 수도 없는 노릇이라 속만 태우고 말았다.

비라도 오는 날이면 사무실은 장터로 변하고 만다. 시골청년 예닐곱 명이 좁은 사무실에 들어서면 그야말로 바람조차 비껴갈 공간도 없고 주객이 전도되어 나는 밖으로 쫓겨나고 만다.

비 오는 날, 시골동네 친구들이 한곳에 모였으니 술판 아니면 고스톱 판이 벌어지는 것은 어찌 보면 당연한 일인지도 모른다. 허구한 날 논밭에서 숨이 막히도록 일하는 그들에게 비 오는 날이 유일한 휴일이며 친구들과 함께 고스톱을 치며 웃고 떠드는 것이 잡념을 떨치는 가장 손쉬운 방법일지도 모른다.

제일 먼저 네 명의 선수가 출전한다. 1차에 출전하지 못한 선수들은 예비 선수들이다. 예비 선수들은 선발 출전한 선수들 중에 실탄이 떨어졌거나 급한 일이 생겨 자리를 뜨기만을 기다린다. 사무실 한복판에는 둥근 탁자가 자리하고 선수들은 자신이 가장 좋아하는 위치에 자리를 잡는다. 이름하여 포지션이 정해진다. 선先이 정해지고 표가 돌아간다. 첫째 판의 승자와 패자가 가려지고 점수만큼의 돈이 오간다. 판이 돌아갈수록 점수도 높아지고 금액도 커진다. 함성과 탄식도 함께 터진다.

판의 열기가 올라갈수록 예비 선수들은 모두 훈수꾼이 된다. 나중에 가면 진짜 선수들보다 훈수꾼들이 더 흥분한다. 훈수꾼들이 훈수하는 것을 보면 훈수꾼들은 정말로 고스톱을 잘 치는 것처럼 보인다. 고스톱을 잘 친다 함은 상대편의 표를 읽을 줄 알며, 고go 할 때와 스톱stop 할 때를 잘 맞추어야 한다는 것이다. 즉 타이밍을 잘 잡아야 함을 말한다.

드디어 선발선수 한 명이 빠지고 예비 선수 중에 가장 열을 많이 올리던 선수, 즉 훈수꾼 한 명이 출전을 했다. 선수교체가 이루어진 것이다. 선전이 기대되던 훈수꾼의 성적이 영 신통찮다. 처음에야 몸이 안 풀려서 그러는가 보다 생각했는데 시간이 흐르고 판이 거듭될수록 훈수꾼의 표정은 일그러지고 얄궂은 담배만 피워대더니 결국에는 깻대 털리듯 탈탈 털리고 맨손으로 일어났다.

고스톱을 치는 사람이 출전선수라면 훈수꾼은 예비선수다. 고스톱을 치는 것이 실전이라면 훈수하는 것은 이론이다. 출전선수는 본인의 게임을 치르고 있지만 훈수꾼은 제3자의 경기를 관람하고 있을 뿐이다. 이처럼 실전과 이론의 사이에는 상당한 괴리가 있으니 남의 일에 훈수하는 것을 삼가야겠다.

참으로 모를 일이다. 훈수꾼의 위치에서 보면 수가 보이는데 출전 선수가 되면 왜 그 수가 안 보일까? 오늘도 세상사 내 뜻대로 안 된다고 짜증만 부리지 말고, 현실에서 한 발짝만 물러나 훈수꾼이 되어 문제를 바라본다면 혹여 해답이 보일는지도 모를 일이다.

나도 내 삶의 훈수꾼이 한 번 돼봐야겠다.

김발과 붓발

청출어람 청어람靑出於藍 靑於藍이라 하지만 이러한 경우는 특별한 상황이라 하겠다. 제자가 아무리 총명하다 해도 스승님의 학식이나 인품을 따라갈 수 없고, 자식이 유능하다 해도 부모님의 경험과 삶의 지혜를 앞설 수 없고, 손녀의 재주가 뛰어나다 해도 할아버지의 혜안을 앞설 수는 없다. 제자가 스승님을, 자식이 부모님을, 손녀가 할아버지를 앞설 수 있을 때는 스승님이, 부모님이, 할아버지가 죽고 없을 때에만 가능하다.

우리는 이 세상을 지식으로만 살아가는 것이 아니고 지식과 지혜와 경험과 실패를 통해 얻은 많은 정보를 종합하고 분석하여 매 상황에 따라 적절히 맞추어가며 살아간다. 지식은 책이나 스승님을 통하여 얻을 수 있는 미경험적이고 피상적인 이론교육이다. 반면 지혜란

지식의 바탕 위에 인간의 사고와 판단을 더한 것이다. 경험은 지혜를 직접 우리의 삶에 실험을 해본 것이다. 이 실험에서 성공도 하고 실패도 겪어본다. 그래서 실패를 경험해 본 자만이 다음에 실패할 확률이 적다. 백수의 왕자 사자도 어린 시절부터 어미의 사냥 모습을 지켜보며 배우고 사냥기술을 익히지 않은 자는 굶어 죽는다. 지식이 집의 기초라면, 지혜는 벽이고, 경험은 지붕이라 하겠다. 기초도 벽도 지붕도 있어야 완전한 집이 되듯이 지식도 지혜도 경험도 있어야 사람다운 사람이 된다. 때문에 경험이 풍부한 자, 삶을 오래 산 자를 경험이 부족하고 연륜이 짧은 자가 이길 수가 없었다.

하지만 세상이 많이 변했다. 변했어도 너무 변했다. 단군 이래 우리 민족의 삶의 대부분은 농업이었기에 농사짓는 일만 배우면 먹고사는 데는 큰 지장이 없었다. 천자문만 읽고 쓸 줄 알면 사람대접을 받았고 거기에 사서삼경을 공부했다 하면 출세길이 트였고 평생 손에 흙 묻히지 않고도 사람다운 대접을 받으며 편히 먹고 살았다. 이러한 삶의 방식이 수천 년을 이어왔다. 마치 커다란 강줄기가 도도히 흘러왔던 것처럼 변함없는 삶이었다. 지식이 없으니 지혜를 깨칠 수가 없고 지혜가 없으니 미래를 내다볼 수가 없고 미래를 내다볼 수 없으니 삶에 변화가 없었던 것이다.

단순히 눈에 보이는 것만 보고 살아왔다. 그런데 디지털시대를 벗어난 지 얼마나 되었다고 4G 스마트 폰 세상이 되었다. 한 세대 전만 해도 젊은 사람들이 나이 드신 분들을 보고 배웠는데 지금은 반대다.

나이 드신 어르신들은 그 변화의 속도를 따라갈 수 없으니 젊은 사람들로부터 대우는 고사하고 따돌림을 받는다.

금년 봄부터 붓글씨 연습을 시작했다. 난생처음으로 붓을 잡아보았다. 그것도 본인의 의지가 아니고 이웃의 권유에 끌려갔다. 아파트 관리실에 서예반이 새로이 문을 열었는데 내가 꼭 있어야겠다는 이웃들의 성화에 못 이겨 끌려 나가듯 했다. 내가 명필가가 되려는 것은 아니지만 기본은 갖추어야겠기에 지필묵하며 문진, 붓발 등 꼭 필요한 것들을 준비했다. 비록 시작은 타의로 시작한 것이지만 이왕 하는 것 잘해봐야겠다는 생각에 열심히 했다. 그런데 아뿔싸 두 마리 토끼를 한 번에 잡을 수 는 없는 법, 새로이 시작한 서예에 정신을 팔다 보니 전에 해왔던 수필공부를 등한시하는 게 아닌가.

붓발을 엮은 실이 풀려, 수리할 요량으로 거실 탁자 위에 올려놓고 차일피일 며칠이 지났다. 그러던 차에 네 살 손녀딸이 집에 왔다. 집에 도착하자마자 이곳저곳을 쏘다니며 이것저것 모든 것을 들쑤신다. 한순간에 잘 정리되었던 살림살이는 엉망이 되고 만다. 그런들 어쩌겠는가. 그러다가 제풀에 꺾인 손녀가 탁자 위에 놓인 붓발을 보더니만 "할아버지, 이것 김발 같아요." 하며 가지고 놀더니만 끝내는 망가뜨리고 말았다. 그리고는 이틀을 더 있다가 자기 집으로 돌아갔다. 손녀딸이 붓발처럼 생긴 것이라곤 제 엄마가 김밥을 말 때 쓰는 김발밖에 본 것이 없을 게다. 때문에 붓발을 보아도 김발이라 생각하는 것은 당연하다. 아는 것만큼만 보이기 때문이다.

손녀딸이 떠나고 나니 집에는 다시 평온이 찾아오고 고요함이 깃든다. 흩어진 살림살이를 정리하고 나니 핸드폰이 울린다. 집에 잘 도착했다는 보고 전화다. 손녀딸과는 영상통화를 했다. 아니 그런데 이런 일이, 손녀딸 손에 집에서 가지고 놀던 내 붓발이 들려있는 것이 아닌가. 하도 어이가 없어 웃었더니 저도 웃었다. 손녀딸 눈에는 그것이 그렇게도 신기하고 갖고 싶어 아무도 몰래 자기 가방에 넣어 갔나 보다. 할아버지에게 달라고 했으면 그깟 붓발 아닌 무엇인들 주지 않았을까.

하나의 물체를 놓고도 사람의 수준, 연령, 환경, 경험 등 여러 가지에 의해 달리 보이겠다. 나에게는 오직 붓발로만 보였지만 손녀딸 눈에는 김발로만 보인 것이다. 언젠가는 손녀딸 눈에도 붓발로 보일 날이 있겠지만….

나의 눈에 붓발로 보이는 것을 남들이 김발이라 한다 해서 그 사람들을 비난하지 말 것은, 그 사람들은 김발로 보이는 것을 붓발이라 말하는 나를 오히려 비난할는지 모르기 때문이다.

작은 깨달음

사람들은 과거의 추억과 현실의 고통과 미래의 희망 속에서 산다. 그래서인지 오늘이 아무리 힘들어도 기다려볼 만한 가치가 있는 미래가 있기에 희망을 가지고 산다. 그리고 지금의 고통이 아무리 힘들어도 아름다운 추억으로 남을 거라 생각하기에 그런대로 견디며 산다. 세월이 흘러 나이가 들수록 미래는 짧고 과거가 길기에 나이가 들면 추억을 먹고 산다는 말이 있나 보다.

그런 추억 속에는 슬픈 추억거리도 있을 것이고 행복한 추억거리도 있을 것이다. 남자들의 공통된 추억거리라면 단연 군대에 대한 추억거리일 게다. 군 생활 당시에는 그토록 지긋지긋하여 제대 후에는 군 생활을 했던 곳을 향해서는 오줌도 누지 않겠다고 침을 뱉고 왔음에도 친구들을 만나 술이라도 한잔하노라면 으레 단골메뉴로 등장하는 것이 군대 이야기다. 그러면 집사람들은 귀를 막는다. 그러면 왜 그토록 잊고 싶은 과거가 녹슬지도 않은 채 잊히지 않는 이유는 무엇일까. 그것은 잊고픈 충동이 강하면 강할수록 수면 위로 떠오르기 때문일 게다. 토요일 오후 모두가 퇴근해 버린 텅 빈 사무실에서 혹은 어둠이 짙게 깔린 잠도 오지 않는 밤에 거실에 홀로 앉아 청승을 떨고 있노라면 마치 이른 아침 물가에 피어오르는 물안개처럼 지나가 버린 일들이 가슴에 떠오른다. 어떤 때는 입가에 엷은 미소도 지어보지만 어떤 때는 분하여 화장실에 들어가 혼자서 고래고래 소리도 질러본다.

지금으로부터 삼사십여 년 전의 일이니 이미 옛날이야기가 되어버렸다. 1973년 4월 12일, 긴 머리를 빡빡 밀어버리고 동전 몇 닢을 호주머니에 넣고 전주 남부 배차장에서 버스를 탔다. 김제 어느 초등학교엔가 집결하여 나라의 부름을 받고 덜컹거리는 군용열차에 몸을 실었다. 논산훈련소로 향할 때에는 얼마나 불안했던가. 총 들고 전쟁터에 싸우러 가는 것도 아닌데 과연 내가 살아서 고향에 다시 돌아갈 수 있을까 하는 불안감과 남들도 다들 잘하고 오던데 나도 괜찮겠지 하는 생각이 뒤엉켜 밀려왔다.

나른한 봄 날씨에 훈련은 시작되었다. 제식훈련에 총검술에 사격에 유격훈련에 체력훈련에 뛰고 달리고 던지고, 앉았다 일어섰다 누웠다 엎드렸다 기었다 하며 6주간의 기본훈련을 무사히 마치고 원주에 있는 자대에 배치되었다. 훈련소가 구치소라면 자대는 그야말로 교도소였다. 식사 당번에 내무반 청소에 5분대기조에 밤만 되면 여기저기에서 들려오는 신음소리.

이런 것들이 어찌 아름다운 추억거리가 될 수 있단 말인가. 그런데도 군대에 다녀온 남자들은 어김없이 평생 추억거리로 남겨둔다.

그나마 다행이었던 것은 나는 비록 키는 작고 덩치도 신통치 않지만 왜소한 체구에 비하여 힘도 세고 동작도 민첩한 데다 눈치 하나는 고참급이어서 덜 맞고 덜 터졌다. 그래도 지옥은 지옥이었다.

훈련 중에 가장 힘들었던 것은 양 어깨에는 완전군장을 메고, 머리에는 철모를 쓰고, 두 손에는 총을 들고, 허리에는 수통을 차고, 발에는 군화를 신고, 20km을 주어진 시간 안에 완주하는 것이었다. 땡볕은 마치 복날 닭 삶듯이 볶아대고 대지는 찜질방 같았다. 이런 고된 훈련도 평소에는 잘했었다. 훈련 때에는 항상 남들보다 앞서 달렸으니까.

훈련은 모두 끝이 나고 드디어 시험 날이 다가왔다. 훈련 때 아무리 잘하였어도 이 시험에서 떨어지면 다시 훈련하여 시험에 합격할 때까지 계속해야 한다. 아침부터 완전군장을 꾸미고 모든 준비를 마친 사람들의 얼굴에는 비장감이 흐르고 긴장하는 모습이 역력했다. 드디어 시험관의 출발 호각 소리에 대한의 건아들이 목표지점을 향하여 일제히 발을 내딛기 시작했다.

그리고 나는 오만했다. 오늘은 남들보다 잘 달려 무사히 시험에 합격하고 남보라는 듯이 으시대 보리라. 그런데 그러한 나의 바람은 지나친 욕심이었고 허황된 꿈이었음이 차츰 현실로 다가왔다. 땀이 나야 근육이 이완되고, 근육이 이완되어야 호흡이 안정되고, 호흡이 안정되어야 완주할 수 있다. 멀쩡했던 처녀가 시집가기 전날 밤에 등창난다더니 평소에는 그토록 훨훨 날았던 내가 막상 시험 보는 날은 4km정도를 달렸는데도 몸에서는 땀 한 방울 나질 않고 몸은 마치 돌덩이처럼 굳어져버렸고 숨은 이미 턱 밑까지 차올랐다. 이 몸 상태라면 주어진 시간 안에 절대로 완주할 수 없으며 완주를 못 하면 불합격이고 불합격하면 이날 밤 받아야 할 비인간적인 모독이며, 비록 내 엉덩이가 내 몸에 붙어 있지만 내 의지대로 사용할 수 없음은 불 보듯이 뻔하다. 다른 사람들은 이미 앞서 달려갔고 보이지도 않았다. 내 뒤에 바짝 따라오는 것은 낙오자들을 실어가기 위한 군용트럭뿐이었다. '이대로는 절대 안 된다. 기권을 하자. 그러면 이 시험보다 더 혹독한 뒷일은 어찌 감당할 것인가? 조금만 더 조금만 더.'

마침 그때 춘천에서 서울로 가는 버스가 달려왔다. 그리고 누군가가 창문을 열고 하얀 손수건을 흔들어주었다. 버스가 저 산 모퉁이를 돌아 시야에서 사라질 때까지 계속해서 흔들어주었다. 저 여인은 대체 누구이기에 우리 같은 무명의 용사에게도 힘내라고 저토록 열렬히 손수건을 흔들어줄까? 저 여인은 아들을 군대에 보내놓고 성한 몸으로 무사히 돌아오기만을 매일 아침 하느님께 기도드리는 우리 어머님처럼 어느 훈련병의 어머님이실까? 아니면 사랑하는 임을 군에 보내놓고 함께 찍었던 옛날 사진을 쳐다보며 눈물 흘리는 여인일까? 아니면 오빠와 함께 있을 때에는 말도 안 듣고 고집만 부리던 동생이 군으로 떠난 오빠의 빈자리가 너무나 크게 느껴져 매일 밤 촛불을 켜 놓고 기도하는 어린 소녀일까!

'만약에 오늘 내가 이 시험을 통과하지 못한다면 응원해주는 저 여인의 마음을 배신하는 행위가 될 것이다.' 순간 고향에 계시는 어머님과 어린 동생들이 생각나면서 코끝이 찡해지고 가슴속에서는 주먹만 한 불덩어리 같은 것이 솟아올랐다. 그러면서 갑자기 눈에서는 눈물이 비처럼 쏟아져 내리고 눈물과 함께 땀도 흘러내렸다. 눈물과 콧물이 흐르고 땀이 온몸을 적시니 돌처럼 굳었던 몸이 풀렸다. 턱까지 차올랐던 숨은 차츰차츰 배꼽 밑으로 가라앉았다. 참으로 기적 같은 현상이었다. 그때부터 나는 마치 총 맞은 멧돼지처럼 달리기 시작하여 한 사람 따라잡고, 또 한 사람 따라잡고 하여 다른 때보다도 훨씬 우수한 성적으로 목표지점을 통과하였다.

그리고 나는 알았다. 여름날 여인네의 손수건. 얼마나 작고, 얇고, 부드럽고, 가벼웁고, 향기로우랴! 한 손아귀에도 다 차지 않을 만큼 그 작은 손수건으로 부러진 팔 다리를 감싸줄 수는 없어도 버림받고 상처받은 영혼은 감싸줄 수 있다는 평범한 진리를 깨달았다.

차창 밖으로 손수건을 흔들어 주는 것이 얼마나 힘든 일이고 거창한 일이겠는가. 하지만 나 아닌 남에게 관심을 보이고 서로 격려한다는 것이 요즘처럼 메마른 세상에 황금보다 값진 일일 게다.

우리들은 이 세상을 지옥으로 만들 수도 있고 천국으로 만들 수도 있다. 지금도 우리 주변에는 무거운 삶의 십자가를 지고 외롭고 쓸쓸하게 살아가는 사람들이 얼마든지 있다. 이들에게 도움은 못 줄지언정 차가운 눈초리는 보내지 말자. 따뜻한 눈빛으로 봐 주는 것만으로도 그들에게는 큰 위안이 될 것이다.

40년 전 창밖으로 손수건을 흔들어주시어 내게 용기를 불어넣어주신 그분을 만날 수만 있다면 꼬옥 한 번 안아드리고 싶다. 그분께 이 글을 올리고 싶다.

화분치기

집안마다 말로는 설명할 수도 없고 과학적으로도 증명할 수 없는 기氣나 맥脈 또는 운運이라는 것이, 우리의 눈으로 직접 볼 수는 없지만 우리의 몸속에 존재하며 우리의 운명을 좌우한다고 생각한다.

똑같은 조건에서 동종의 사업을 시작하여 똑같은 노력을 해도 어느 사람은 성공하고 누구는 실패한다. 이 결과를 과연 무엇으로 설명할 것인가. 어느 누구는 평생 담배 한 대 피우지 않고 밀밭 옆길조차 조심히 살피고 다녔는데도 폐암으로 천수를 누리지 못하는가 하면, 젊은 시절부터 술, 담배에 찌들어 살았음에도 제 명대로 살다 가는 것은 또 어떻게 이해 할 것인가. 초등학교시절, 우리 집은 전형적인 초가삼간에 조그마한 마당이 있었다. 앞쪽 담장의 안쪽 가운데쯤에는 볼품없는 장 독대가 있었고 그 왼쪽에는 홍초가 몇 그루 있었고, 오른쪽 담장 구석에는 무궁화가 두 그루 있었다. 명색이 대한민국의 국화라는 무궁화인데 어찌 거미줄은 그리도 많이 끼며 진딧물이 들끓었는지 모르겠다. 다행인 것은 담장 밖에 조그마한 텃밭이 있었는데 그것이 우리 식구들의 야채창고였다.

아버님의 생업이 박봉의 봉급쟁이에서 농부로 바뀌면서 우리 집의 작은 마당은 한시도 깨끗하게 정리된 적이 없었고, 보리 농사, 콩 농사, 고추 농사, 배추. 무 농사 및 벼농사로 마당은 항시 널브러져 있었다. 벼농사를 주업으로 한 우리 집의 주 연료는 볏짚이었다. 볏짚으로 밥도 하고, 국도 끓이고 겨울용 난방으로 사용했다. 볏짚의 단점은 타고 남은 재를 주기적으로 긁어내야만 하는데 이럴 때마다 재가 사방으로 날려 부엌을 더럽히고, 잿간에 바람이라도 불라치면 사방천지로 날아다녔다. 하지만 이 타고 남은 재는 우리 야채창고의 밑거름이 되어주었다. 볏짚은 주인을 위해 성할 때는 땔감으로, 죽어서는 거름으로 두 번이나 죽어주었다.

텃밭은 두 개로 나누어져 있었는데 그 가운데는 집안에서 흘러나오는 생활용수의 하수도가 있었다. 왼쪽 밭 맨 안쪽에서부터 부추, 조선파, 상추, 고추, 가지 등을 심었고, 오른쪽 밭에는 무나 배추를 심었다. 아침이면 밤새 요강단지에 고인 오줌을 채소에 직접 닿지 않도록 골을 따라 뿌려주고 삼태기에 가득 담아 재만 뿌려주면 텃밭의 야채들은 잘도 자라주었다. 부추는 부엌칼과 소쿠리만 들고나가 밑 둥에서부터 바짝 잘라도 며칠만 지나면 새순이 돋아났고, 조선파는 왼쪽에서부터 뽑아먹기 시작하면 늦가을엔 거의 빈터만 남았다. 얼마 남지 않은 파는 김장용 양념으로 쓰였다.

상추 또 이놈이 신기한 놈이다. 밑에서부터 상추 잎을 따 먹어도 따 먹어도 새잎이 자랐다. 실컷 따 먹고 동이 오르면 인정사정없이 뽑아 버리면 그만이다. 하여튼 모든 채소들이 잘도 자라 주었으나 유독 가지만은 별 재미를 보지 못했다. 아무리 물을 주고 정성을 쏟아도 영양 실조에 걸린 비루먹은 강아지 같았다. 어쩌다 하나씩 열리는 가지는 곧게 자라지도 못하고 옆으로 휘거나 성장을 멈춰버렸다.

식물뿐만이 아니고 동물 또한 그랬다. 우리 집은 닭이 참으로 잘되었다. 별 신경을 쓰지 않아도 때가 되면 알을 낳고 부화하여 식구를 늘려갔다. 개는 수캐는 잘되었는데도 이상하게 암컷은 그러질 못했다. 새끼를 가졌다가도 남의 밭에 놓아둔 쥐약을 주워 먹고 죽는다든지 아니면 도둑에게 잡혀간다든지 해서 마음 아파했다. 그중에서 집안에 돈이 된다는 돼지는 죽도록 안 되었다. 그래서 어린 나이에도 인력人力으로도 안 되는 것이 있다는 것을 너무나 일찍 깨달은 것 같다. 하기야 뜻한바 대로만 된다면 우리 모두가 이병철 회장이나 정주영 회장이 되었겠지만.

우리 집은 남의 집과는 달리 수백만 원짜리 그림이나 수천만 원짜리 가구는 언감생심 꿈도 못 꾸지만 여기저기에서 주워다 모은 조그마한 소품들이 거실 구석구석마다 가득하다. 무질서한 것처럼 보이지만 자세히 뜯어보면 나름대로의 조화를 이루며 썩 잘 어울리는 것 같다. 봄이 되면 쪼들리는 용돈을 쪼개어 화분을 장만하지만 몇 개월도 함께하지 못하고 석별을 한다. 다섯개의 화분을 새로 사들였으면 몇 개월 후에는 여섯 개의 화분이 죽어나간다. 나는 평생 영양제 같은 것은 먹어

보지도 못했음에도 화분에게는 영양제주사도 주고 별의별 신경을 썼지만 백약이 무효다. 이것을 수년 동안 지켜보던 아내가 너무나도 딱했는지 화초의 특성에 따라 물 관리를 해야 하는데 무턱대고 물만 주니 화초가 물에 취해 죽는단다. 그 뒤로 화초의 물 관리는 아내에게 넘어갔으나 도긴개긴 아무런 차이가 없었다.

거실이며 베란다에서 비실거리는 화초들을 바라보며 화가 치민 나는 사전에 아내에게 재가(결재)를 받고 거사를 준비했다. 차라리 눈에 안 보이는 게 낫지! 비실대는 화분들을 일단 앞쪽 베란다에 집결시켰다. 화분들을 밖으로 들고 나간다면 일은 쉽게 처리되겠으나 화분이 너무나 무거워 운반이 여의치 않아 앞쪽 베란다를 택했다. 부엌용 가위, 화초용 삽, 쓰레기봉투며 검정비닐봉지를 준비하고 마치 전쟁터에 나가는 병사처럼 손에는 비닐로 코팅된 고무장갑도 꼈다. 가위로 사정없이 가지와 잎을 자르고 잘린 가지와 잎은 쓰레기봉투로, 화분에 담겨 있던 흙은 검정비닐봉투로 분리수거를 했다. 사방이 먼지와 흙 천지다.

겨우 일을 마치고 나무는 쓰레기장으로, 흙들은 아파트화단에 골고루 뿌려 놓았다. 부러지도록 아픈 허리를 달래며 청소를 마치고 입었던 옷들은 세탁기에 부탁하고 겨우 한숨을 돌리고 나니 무려 세 시간이나 흘렀다. 거실 쇼파에 앉아 커피를 마시며 베란다를 쳐다보니 얹혔던 체증이 내려가는 기분이었다. '폐기처분 당하는 노인은 되지 말자.' 남에게 기쁨을 주지는 못할망정 패가 되는 삶을 살아서는 안 되지. 라고 생각하니 입 안이 쓰다

나만의 공간

나는 32평 아파트에 살고 있다. 이것은 공유면적을 포함한 것이니 실제 전용면적은 이보다야 적을 것이다. 이곳에 나와 아내, 둘만 살고 있으니 넉넉한 공간이겠으나 나는 이 아파트가 작다고 늘 불만이다. 몇 달 만에 한 번씩이나 서울에서 내려오는 아들 내외며, 추석이나 설 명절을 제외하고는 찾아오는 손님들조차 거의 없다. 그마저도 아내는 시골에서 식당을 하고 있어 아내와 나는 거의 시간이 엇갈린 생활을 하고 있다. 아내가 가게에 나가 일하는 동안 나는 집에 있고, 아내가 집에 돌아올 시간이면 나는 거의 매일 잠들어 있다. 이러하니 32평 아파트가 좁다는 말은 호강에 겨워 하는 말처럼 들릴 것이다. 사회학자들은 한 사람의 주거공간이 4~5평 정도면 충분하다고 말하니 두 사람이 사는 공간이라면 10평이면 충분하다. 하지만 나의 주택에 대한 개념은 밥 먹고 잠만 자기 위한 공간이 아닌 종합문화센터라는 개념과 밖에서는 아무리 휘둘리고, 커다란 고민거리를 안고 들어왔어도 집에만 들어오면 모든 근심 걱정을 내려놓고 편안히 쉴 수 있는 공간이어야 한다고 생각한다. 그러니 32평 아파트가 좁게 느껴질 수밖에 없다. 때문에 나는 되도록 집안을 편하게 꾸미고 청소하고 정리하면서도 종교적인 색채를 중요시 한다. 지금의 내 형편으로는 이 아파트보다도 훨씬 작은 아파트로 이사를 해야 할 형편에 무슨 아파트 타령이겠는가. 금년 겨울 그 추위에도 보일러 한 번 돌리지 못한 궁한 처지에 이 생활공간에 감사해야지 않겠는가.

어찌되었든 그것은 내 바람일 뿐이다. 이처럼 넓은 공간에 대한 나의 욕구는 아마 내가 현역에 있으면서 생긴 생활습관 때문일 게다. 학교를 졸업할 당시, 중동에 건설 붐이 한창이던 때에 나는 H건설회사에 입사하고 그해 7월에 사우디아라비아에 부임했다. 서울의 복잡하고 바쁜 공간에서 벗어나 비록 사막이지만 끝없이 펼쳐진 모래 밭에 발을 디디는 순간 가슴이 탁 틔었다. 이러한 넓은 곳에서 3년여를 근무하고 나니 좁고, 번잡하고, 바쁘고, 시끄러운 것은 질색으로 변했다.

또 2년 여 동안 리비아 사막에서 근무를 했다. 말 그대로 나무 한 그루 풀 한 포기 없는 사막의 대해大海였다. 그곳에 도착하는 순간 그 넓은 사막이 마치 나의 소유물인 것처럼 느껴졌다. 비록 모래사막이었지만 나는 그곳에 18홀 모래골프장 2개를 만들어 놓고 무력함을 운동으로 달랬다. 여섯곳에 흩어져 있는 현장을 한 번 순찰하고 돌아오면 그

거리가 무려 250km이였으며 그곳에 근무했던 근로자들은 무려 17개국에서 모인 사람들이니 가히 국제무대라 할 수 있었다. 사막에 지는 석양은 사막의 뜨거운 복사열 때문인지 더욱 붉고 황홀했다. 사막의 밤하늘에 뜨는 별들은 공기가 오염되지 않은 탓인지 더욱 촘촘하고 밝았다. 해만 떨어지면 사막은 어둠의 바다가 된다. 이따금씩 스쳐지나가는 바람만이 유일한 손님이다. 그도 그럴 것이 지중해에 접한 도시들로부터 무려 700km나 사막으로 들어왔으니 찾는 이가 없는 것은 당연지사다.

해만 지면 어김없이 찾아오는 어둠과 함께 어둠의 그림자처럼 고독도 동행한다. 고독이야 되씹으면 되겠지만 처량함은 한 젊은이의 가슴을 갈기갈기 찢어놓고 두 줄기 뜨거운 눈물을 보고서야 물러갔다. 그 고독을 달래보려 책도 읽고 편지도 많이 써보았다. 가족, 연인, 아내, 아들 그리고 친구들에게 그 많은 편지를 써 보냈음은 그들의 답장을 받기 위해서가 아니고 나의 고독을 달래보려는 것이었다.

하지만 오늘 내가 책상 앞에 앉아 말도 안 되는 글이라도 쓸 수 있는 것은 당시에 갈고 닦은 그 경험들이 초석이 되었으리라는 것은 부인할 수 없다. 어찌되었든 젊은 시절 나의 삶의 무대는 세계였다. 쥐뿔도 없으면서 간만 키운 셈이다. 그러나 그때의 경험들이 앞으로 나의 삶에 어떠한 영향을 줄지라도 후회는 하지 않겠다.

은퇴하고 고향에 내려와 시내에 둥지를 틀고 용돈이라도 벌어볼 요량으로 조그마한 회사에 다니다 보니 나의 생활무대는 시내로 대폭 축

소되어버렸고, 지금 살고 있는 시골로 보금자리를 옮긴 이후로는 그나마 생활반경이 리里 단위로 쪼그라들었다. 그마저도 금년겨울이 시작되면서부터는 주일이면 성당에나 다녀오고, 수요일이면 수업을 받으러 시내에 다녀오는 것이 고작이고 거실에 펴 놓은 전기장판 위에 움츠리고 앉아 이틀이고 사흘이고 출입문 손잡이를 잡아보지 않는 날이 많아졌다. 젊었을 때에는 4계절 중 낭만적이라고 겨울을 가장 좋아했고 겨울바다며 겨울산도 퍽이나 돌아다녔는데 요즘은 겨울이 싫다. 추운 것이 싫고 따뜻한 것이 좋다. 눈이 내리면 내리는 눈을 미워하며 미끄러울 길만을 걱정한다. 이처럼 나만의 공간이 차츰 차츰 좁아진다.

내 마음이 젊었을 때에 생활했던 사막처럼 사막화되어가고 있다는 증거다. 삶에 대한 적극적인 애착도 없어지고 매사에 의욕이 사라져간다. 이것을 치료하기 위해서는 책을 읽고 글을 쓰는 것도 중요하겠지만 이웃들을 만나 이야기하고 그들과 함께함이 가장 좋을 듯싶다. 이 겨울이 지나면 아내 눈치 볼 것 없이 산에도 가고, 들에도 가고 마을회관도 돌아다니며 주책도 좀 부려봐야겠다.

마땅한 수입이 없다보니 아내 눈치를 보게 되고 움직이면 돈이니 집에서만 맴돌게 된다. 말이야 그동안 고생 많이 했으니 이제는 좀 쉬라는 아내의 말을 나는 절대로 믿지도 않지만 내 신념은 손발이 성하니 밖에 나가서 많든 적든 경제적인 활동을 해야 한다는 것이다. 남자라면 모름지기 아침밥을 먹으면 집을 나서야 한다. 사무실이든, 공장이든 논이나 밭, 아니면 공사판에라도 나가야 식구들에게 체면도 서고 남들 보기에도 좋고 머지않아 생길 손녀에게 용돈이라도 쥐어 줄 수 있지 않겠는가. 그 누구보다도 아내들이 제일 좋아한단다.

지금은 겨울철이라서 그런지 어디서 전화 한 통 없다. 이 겨울이 지나고 따뜻한 봄이 오면 남쪽에서 불어오는 봄바람에 좋은 소식도 실어오리라 믿는다. 잠시 쉬는 동안 차일피일 미루어두었던 좋은 글이라도 몇 편 써봐야겠다. 이런 처지에 입맛 돌아오니 쌀 떨어진다는 말처럼 웬 청첩장이며 부고장은 이리도 많이 날아오는지 모르겠다. 이제는 나의 눈높이를 더욱 낮추고 나의 생활무대를 좀 더 줄여야겠다. '어차피 내가 결국 누울 자리는 한 평 정도밖에 안 될 터이니.'

그럼 파마를 해 보세요

우리는 4형제이다. 위로 형님, 나, 아래로 동생이 둘이다. 그중 형님과 막냇동생은 약한 곱슬머리이고, 나와 바로 아래 동생은 고집 센 망아지 모양 말총머리이다. 까까머리 학생시절에야 곱슬머리든 말총머리든 별 관심이 없었으나 군을 제대하고 스무 살 중반이 되어 머리를 기르기 시작하고부터는 사정이 달라졌다. 형하고 막냇동생은 머리에 별것을 하지 않아도 멋지게 보였다. 머리를 오른쪽으로 넘기고 싶으면 빗질 몇 번에 가르마 반듯하게 오른쪽으로 넘어가고, 왼쪽으로 멋을 부리고 싶으면 손질 몇 번에 자신이 하고픈 대로 되었다. 하지만 나와 동생은 아무리 애를 써도 머리가 앞으로 쏟아져 내려 여간 귀찮스러운 게 아니었다. 감히 주인의 인내를 시험하려는 자에게 불호령이 떨어졌으니 그것은 바로 단발령斷髮領이었다.

헤어질 때는 고운 정보다는 미운 정이라던데 그래도 수년을 함께 한 세월이기에 막상 자른다 하니 서운한 마음이 앞섰다. 매사 거추장스러웠던 머리카락을 짧게 자르니 그렇게 개운할 수가 없었다. 이러한 경우를 두고 '앓던 이가 빠진 것 같다.' 고 하던가.

워낙 깔끔한 성격 탓에 머리카락이 귓가에 닿기라도 하면 마치 징그러운 송충이가 기어가는 것 같은 오싹한 생각에 2주일마다 이발을 하고 항상 단정한 외모를 유지했다. 하지만 길고 진한 눈썹만은 랜드마크처럼 원형을 유지했다.

부모님으로부터 물려받은 유전자 중에서도 나쁜 것은 먼저 나타나고 좋은 것은 뒤에 나타나는가 보다. 50대 초반부터 하나 둘씩 흰머리가 보이기 시작하더니 중반이 되어서는 공평하게 흑, 백이 반반이 되었다. 머리카락만 희어지는 게 아니라 눈썹도 덩달아 희어졌다. 젊은 사람이 버릇없이 흰머리에 흰 눈썹이냐고 흉볼까 싶어 염색을 해야겠는데 짧은 스포츠머리로는 염색을 할 수 없다 하여 다시 머리를 기르게 되었으니, 30년을 거슬러 올라가 예전의 어려움을 다시 겪게 되었다.

6, 7개월 동안 머리를 기른 다음 이만 하면 되었다 싶어 아내가 단골로 다니는 할머니들을 주로 상대하는 시골미장원에서 난생처음으로 염색을 했다. 하지만 머리가 검으면 눈썹도 검고, 머리가 희연 눈썹도 희여 머리와 눈썹이 한 짝을 이루어야 하는 법, 머리는 검고 눈썹은 희여 눈썹 염색을 다시 부탁했다. 눈썹을 염색하는 모습을 보는

사람마다 박장대소다. 그도 그럴 것이 여자도 아닌 남자가 미장원에서 염색약을 머리에 바르고 비닐 랩으로 머리를 감싼 다음 눈썹에 염색약을 진하게 바르고 앉아 있는 모습은 가히 그 자체로 코미디 감이다. 머리를 다시 길러 염색을 했으니 흰머리는 해결되었지만 앞으로 쏟아져 내리는 번거로움은 다시 시작되었다. '세상 만사 하나가 길면 하나가 짧다.' 라는 말은 꼭 내 머리카락을 두고 하는 말 같다.

고민하던 중 하루는 미장원 원장에게 지나가는 말로 머리에 대한 고충을 이야기했더니, "그럼 파마를 해 보세요."했다. 아무리 시골이지만 남자가 미장원에 와서 커트 하고 염색하는 것도 쑥스러운데 거기에다 파마라니……. 예로부터 이발소는 고대와 드라이의 산실이요 미장원은 드라이와 파마의 원조인데, 빨강색 가운을 입고 의자에 앉아 뽀글뽀글 파마를 하는 내 모습을 수도 없이 상상해 보았다. '내가 파마를 하면 아마 저 할머니들의 모습일 게다.' 라고. 그 뒤로 파마를 하신 시골 할머니들을 더욱 유심히 보게 되었다.

아내와 상의를 했더니 일단 한 번 해보란다. 파마 후 정 아니다 싶으면 머리를 깎아버리면 될 게 아니냐고……. 역사적인 결단을 내리게 되었다. 결행만 남았다.

아무도 없을 시간대를 골라 용기백배하여 미장원의 문을 열고 들어가 결의에 찬 목소리로 "파마 해 주세요." 하고 외쳤다. 파마를 추천해준 원장도 의아해하는 눈치였다. 그로부터 두 시간 정도 정말 궁금하고 불안도 했다. 마지막 손질이 끝나고 거울을 보는 순간, "와."

하고 외쳤다. 이렇게 편하고 멋진 것을 왜 여직 망설였던가. 흰머리도, 앞으로 쏟아져 내리는 짜증스러움도 동시에 해결이 되었다. 머리 감고 툴툴 두 손으로 빗어 넘기면 되는 걸. 나이 들어 보살펴주는 이 없는 할머니들이 굳이 파마를 고집하는 이유를 확실히 알 것 같다. 이웃사람들의 반응 역시 그리 나쁘지도 않은 것 같다. 다행이다. 그 후로 나는 파마를 한다. 한 달에 한 번은 파마를, 다음 달은 염색을, 또 다음 달은 파마를 번갈아 가며 한다.

지난 주 수필수업을 받으러 가기 하루 전에 파마를 했는데, 아무도 알아주는 사람이 없어 몹시 서운했다.

2. 시골성당

가지치기

중간고사, 기말시험

부러움

시골성당

나를 깨우친 시골 할머니

최종 평가서

하얀 단풍

가방이 세 개네

가지치기

나는 시내에서 그리 멀지 않은 시골에 살고 있다. 시골에 산다 하여 농사를 짓는 것도 아니고 그렇다고 가축을 기르거나 나무를 키우는 그런 사람도 아니다. 농부도 아닌 사람이 시골에 살고 있으니 그야말로 반거충이 신세다.

농부의 아들이니 농사를 전혀 지어보지 않은 것은 아니지만 벌써 농사일에서 손을 뗀 지도 반백 년이 지났고 송곳 하나 꽂을 땅 한 평 없으니 시골생활 또한 녹록지 않다. 현실은 이러거니와 몸은 시골에 있고 마음은 도시에 있으니 항상 좌불안석이다. 사람들은 은퇴하면 공기 좋고, 인심 좋은 시골에 내려와 그림 같은 전원주택 지어놓고 여가 삼아 텃밭이나 가꾸며 살지, 남의 일처럼 쉽게 말들 하지만 현실은 만만치 않다. 주택은 그렇다 치더라도 텃밭이라고 몇 평 일구다 보면 넓든 좁든 봄철이면 남의 손 빌려 밭갈이해야 하고 씨앗 값이며, 비료값, 농약값도 부담이 되지만 눈만 뜨면 한 질이나 자라는 잡초와 벌레들과의 전쟁을 치러야 한다. 그래서 요즘은 '농사를 안 지으면 조금 망하고 농사를 지으면 많이 망한다.'라는 말조차 있다.

십수 년 전 내가 이곳으로 이사 올 당시만 해도 시골 할머니들이 오며 가며 상추, 고추, 가지, 호박, 오이, 감자, 고구마 등 텃밭에서 키운 것들을 가져다주어 먹고도 남았는데, 이제 그분들은 모두 돌아가시고 푸성가리 하나조차 모두 싸들고 나와 아파트 앞길에서 팔고 있으니 시골인심도 예전 같지 않다.

사람마다 살아온 사연이 있고 그 사연마다 구구절절하겠지만 나 역시 가슴 아픈 사연이 있다. 늦가을까지 푸르던 호박잎도 된서리 앞에서는 곧 시들고 말듯이 IMF의 찬서리 앞에 나는 맥없이 주저앉고 말았다. 그리하여 우리 조상님들이 천주교 탄압을 피해 산속으로 숨어들었던 것처럼 나도 시골로 파고들었다. 이제는 그때의 상처도 세월 따라 아물었고 흉측한 흉터만이 과거의 상처를 짐작게 하고 있다. 이곳도 사람 사는 곳이려니 생각하고 정 붙이고 살다 보니 그럭저럭 살아 가고 있다. 어디든지 정 붙이면 고향이 아니던가.

이곳에 들어와 대대로 척박한 땅을 가꾸며 살아가는 사람들의 모습을 지켜보았다. 이 사람들은 어떻게 살아왔을까. 그 해답을 찾는 데에는 그리 많은 시간이 필요치 않았다. 인간은 물 없는 사막에서도, 혹한의 남극에서도 살아가는 방법을 터득했듯이 이 사람들은 이곳에서 살아남는 법을 터득했다. 어설프게 도시에서 살아왔던 나는 감히 흉내조차 낼 수 없는 생존법을 이들은 오랜 삶을 통해 습득하고 있었다.

이제는 완연한 봄이다. 이 사람들은 이때쯤이면 사과밭이며 배밭이며 포도밭에서, 가을의 풍성한 수확을 위해 가지치기를 한다. 나무의 뿌리에서 올라오는 값진 영양분을 탐닉하면서도 소출이 없을 듯싶은 가지는 사정없이 날카로운 전지용 가위로 잘라낸다. 잘려나간 가지는 뜨거운 불속에 여지없이 던져질 것이다. 이 사람들은 한눈에 쓸모 있을 가지와 쓸모없을 가지를 구분해낸다. 그리고 이 가지가 어느 쪽으로 뻗어갈 것이며, 5년 후에, 혹은 10년 후에는 어떠한 모습으로 자랄 것인가를 대충은 안단다. 정말로 신통하다. 우리 같은 사람에게 어찌 신통하지 않겠는가.

묵은 나무일수록 잔가지가 많아 잘라 내어야 할 가지들도 많다. 그리고 나무 스스로도 자체 구조조정을 통해 쓸모없는 가지에는 영양분을 주지 않아 고사시킨다. 우리가 보기에는 숲이 아무렇게나 조성되는 것 같지만 숲 자체도 스스로의 구조조정을 통해 불필요한 나무들은 도태시킨다. 그래서 가끔 아무런 이유 없이 죽어가는 나무를 볼 수 있다. 참으로 놀라운 자연의 신비다.

나는 조용히 내 자신을 뒤돌아본다. 나는 함께 살고 있는 우리 집안에서, 내가 다니는 성당에서, 내가 몸담고 있는 조직에서, 가까운 친구들에게서, 내가 믿고 의지하는 하느님에게서 행여 잘려나갈 쓸모없는 사람은 아니었는지 자신을 성찰해본다.

역시 내 인생은 낙제생이었다. 그중 가장 낮은 점수의 항목은 지식, 인격, 품성, 재산 등이 아니었고 역시 완고한 내 성격이었다. 지금부터라도 나는 내 삶을 가지치기해야 한다. 내 주변의 쓸모없는 것들, 헛된 망상, 위선, 가식, 오만, 고집, 자만, 독선 등 잘라내어야 할 가지들이 너무나 많다. 이미 때는 늦었지만 지금 당장 시작하자. 마치 농부가 알곡과 가라지를 가려내듯이. 알곡은 창고에 쌓아두고 가라지는 뜨거운 불속에 집어 던져 버리듯이 내 삶에서 잘라낸 가지들을 불속에 던져버리자.

어디는 가고, 어디는 가지 말 것인가.
누구는 만나고, 누구는 만나지 말 것인가.
어떠한 생각은 하고, 어떠한 생각은 하지 말 것인가.
어떠한 말은 하고, 어떠한 말은 삼가야 하는가.
어떻게 행동하고, 처신해야 할 것인가.
무엇은 먹고, 무엇은 버려야 하는가.
알곡과 가라지를 구별하기 어렵듯이 이 또한 어렵다.
쓸모없는 가지 자르려다 정작 멀쩡한 가지를 자르지나 않을까 걱정도 된다.

중간고사, 기말시험

내가 좋아하는 것은 술과 골프 그리고 친구들과 어울려 노는 것이다. 싫어하는 것은 남으로부터 잔소리 듣는 것, 남에게 아쉬운 소리 하는 것, 그리고 시험 보는 것이다. 이처럼 대부분의 사람들은 좋아하는 것과 싫어하는 것이 극명하게 나누어지는데 이것도 저것도 아닌 미지근한 사람들도 많아 종종 주변 사람들을 짜증나게 만드는 경우가 적지 않다. 식당에서 메뉴를 주문할 때에도 메뉴판에는 '아무것이나'라는 메뉴는 없는데 '아무것이나'를 주문하는 사람.

그런데 거의 모든 사람들에게 자신이 좋아하는 것을 접할 기회는 적고 본인의 의지와는 달리 싫어하는 것을 해야 하는 경우가 훨씬 많은 것 같다. 나의 경우만 해도 골프 치고 친구들과 어울려 놀 수 있는 기회보다는 잔소리, 그것도 아내의 잔소리를 듣는 횟수가 몇 배는 많고 남에게 큰소리치고 뻐기는 것보다는 남에게 아쉬운 소리를 할 때가 더욱 많다. 그래서 남에게 잔소리를 듣지 않으려고 발바닥에 땀이 나도록 뛰어다니는 데도 잔소리 들을 거리는 꼭 생기고 만다. 하지만 시험 보는 것이야 피할 수 없는 숙명이다.

최종학교를 졸업할 때까지 시험을 보고 그 결과에 승복하고 살아왔다. 그 결과가 좋았다면야 가슴 아픈 추억으로 남아 있을 리 없고 내가 싫어하는 일이 되지는 않았으리라. 그런데 조금만 생각해 보면 좋아하는 것과 싫어하는 것 사이에는 분명 함수관계가 있다. 술을 좋아하니 아내에게 잔소리를 듣게 되고 친구들과 어울려 놀기를 좋아하니 시험 점수가 안 좋고 시험 보기가 싫어지지 않겠는가.

아내의 잔소리가 싫으니 술을 끊을 것인가, 아니면 술을 마시고 아내의 잔소리를 들을 것인가. 점수가 안 좋으니 놀기를 포기하고 공부를 할 것인가, 아니면 신나게 놀고 낙제점수를 받을 것인가. 선택은 자신의 몫이다. 많은 사람들은 싫어하는 것을 감수하고라도 좋아하는 것을 택한다. 그 이유는 밋밋한 삶을 거부하기 때문이다. 해서 애주가들은 '무주강산은 적막강산이요, 유주강산은 금수강산이다.'라고 말한다. 역으로 내가 좋아하는 술 마시고 골프 치고 노는 것을 시험 봤다면 나도 상위수준은 되었을 게다.

학창시절, 왜 시험이 그토록 많았던지. 매월마다 보는 월말고사, 학기 중간에 치르는 중간고사, 학기말에 보는 기말고사, 연말에 보는 연말고사. 그리고 여지없이 발표되는 지긋지긋한 점수와 석차.

물론 공부하는 학생에게 중요한 것은 첫째도 공부요 둘째도 공부였겠지만 그것은 어디까지나 공부에 국한된 것이고 삶 전체에 해당되는 것은 아니었음에도 점수와 석차로 대우를 받았다. 나의 경우는 점수보다는 석차에 방점을 두었다. 이유는 무한경쟁 속에서 90점 받아 10등 하는 것보다 80점을 받더라도 1등 하는 것이 더 중요했기 때문이다. 그래도 그때는 나의 점수와 석차를 눈으로 보고 자신의 위치를 알 수 있었으니 다행이었다.

나는 너무나 자만했던 것 같다. 그동안 남에게 쓰디쓴 술 한 잔 공짜로 얻어 마신 적 없고 식은밥일지언정 거저 받아먹어 본 적 없고 남에게 이렇다 할 피해를 끼치지 않고 살았으니 괜찮은 삶을 살아온 것 아니냐 하는 안이한 생각 말이다.

우리는 매 순간마다 접하는 사람들로부터 채점당하고 있을 것이다. 하지만 웬만한 사람들, 아내나 아주 친한 친구나 형제들을 제외하고는 나에 대한 그들의 채점표를 보여주지 않는다. 그 채점표는 가끔씩 애경사가 있을 시 조문객이나 하객들의 수로 가늠할 수도 있다. 평소에 남에게 베풀고 산 사람이라면 조문객이나 하객들로 붐빌 터이나 자기만을 위한 삶을 살았다면 장례식장마저 썰렁할 것이다.

내 나이 이제 육십 후반이다. 인생의 기말고사는 끝이 났을 나이이고 연말고사만 남겨두고 있다. 작년 겨울, 하나뿐인 아들 녀석을 결혼시켰다. 하객들로 붐벼야 할 결혼식장이 썰렁하면 어쩌나 내심 걱정했었다. 다행히도 남부끄럽지 않을 정도의 하객들이 와 주었다. 이

만하면 지금까지 우리 부부의 삶이 자신만을 위한 삶은 아니었구나 생각되었다. 기말고사의 성적표가 그리 나쁘진 않았다는 말이다.

이제 남은 것은 연말고사의 성적표다. 연말고사의 성적표야 내 관 위에 놓일 터이니 내가 볼 수 는 없지만 많은 사람들이 나를 기억하고 내 영혼이 천국에 가도록 기도할 수 있게 그런 삶을 살다 가련다.

부러움

나는 키가 참 작다. 우리 또래의 평균 신장보다 10cm 이상 더 작다. 그러니 신장에 대한 나의 콤플렉스야 말해서 무엇하랴. 지금은 학생들이 학교에 입학하면 키가 큰 학생이 1번이라던데 내가 학교에 다닐 때에는 키가 가장 작은 아이가 1번이었다.

내 키에 대한 슬픈 역사는 다음과 같다. 초등학교 1학년 때에는 우리 반에서 34번이었으니 나도 중간 정도는 되었다. 그런데 학년이 바뀔 때마다 담임선생님이 반 학생 전체를 모두 운동장에 모아 놓고 키 순서대로 차례를 세우시는데 1학년 때 번호를 생각하고 중간쯤에 서 있으면 자꾸 "앞으로 가라." 하셨다. 이렇게 하기를 몇 번 반복하다 보니 학교를 졸업할 즈음에는 5번 안에 들었다. 그리고 중학교 2학년 때에 나의 성장은 완전히 멈추었다. 그러니 지금의 내 키는 중학교 2학년 때의 키다. 성장이 멈춘 이유야 뻔하지 않겠는가. 조상 탓이지. 나의 신장에 대한 고민, 특히나 감수성이 강한 중학생, 외모에 지대한 관심을 가질 때가 아닌가.

나의 선망의 대상은 잘생겼든 못생겼든 공부를 잘하든 못하든 따질 것 없이 키 크고 덩치 좋은 학생이 가장 부러웠다. 그래서 운동도 키 큰 사람에게 유리한 농구나 배구는 쳐다도 안 보고 키 작은 사람에게 덜 불리한 축구나 핸드볼, 테니스 등을 주로 했다. 어디 그뿐인가. 키 크고 덩치 좋은 사람에게 뒤지지 않으려고 뛰고, 달리고, 들고, 던지고, 치고, 박고 등등의 운동으로 얼마나 몸을 단련했던가. 그렇다고 어찌 키가 한 치라도 더 컸으랴마는 다행이었던 것은 빠른 눈치와 잽싼 동작, 그리고 악착같은 근성으로 그나마 조금은 약점을 메워 왔다.

많은 서러움을 떠안은 채 고등학생이 되었다. 다른 친구들은 서울에 있는 무슨 대학, 명문학과에 원서를 접수한다 어쩐다 하는데 평소에 공부를 안 했으니 서울은 고사하고 지방대학도 걱정이 되었다. 이때는 키 크고 덩치 큰 것이 부러움의 대상이 아니고 공부 잘하는 학생이 세상에서 가장 부러운 사람이 되었다. 다시 말해 부러움의 대상이 바뀐 것이다. 이것이 사고의 전환점이었을 게다.

그런데 부러움이 크다고 그것이 현실에 보탬이 되지는 못 했다. 부러움을 부러움으로만 치부하지 말고 그 부러움을 내 것으로 만들기 위한 피나는 노력이 필요했다. 비록 서울로 진학은 못하였지만 그동안의 설움을 만회하기 위해 대학 4년 동안 하루 4시간 이상을 자지 않고 열심히 공부하여 당시 내로라하는 대기업에 당당히 입사했다.

시간은 흘러 한두 해 지나다 보니 친구들은 하나 둘씩 좋은 짝을 만나 결혼을 하는데 모두가 다 미인이고 멋졌다. 나도 저처럼 멋진 여자와 결혼하면 남은 생이 얼마나 행복할까 하는 생각에 멋진 여자와 결혼한 친구들이 그렇게 부러웠다. 그렇게 부러우면 나도 결혼하면 되잖아 하는 생각에 저돌적으로 파고들어 지금의 집사람과 결혼하여 행복하게 살고 있다. 내가 부러워했던 것에서 하나는 성취했다.

늦추위도 다 물러갔다 싶어 겨울 내내 움츠렸던 가슴도 펴 보고파 지난 주말에 동네 후배들과 모처럼 운동을 다녀왔다. 그런데 공교롭게도 지금까지 내가 부러워했던 사람들만 다 모였다.

신장 183cm, 180cm, 179cm. 다들 나보다 한 뼘씩은 크다. 이런 사람들과 함께 운동을 하다 보니 괜히 욕심만 생겨 몸에 힘만 들어가지 공은 잘 맞지 않았다. 모처럼 시간을 내어 나왔는데 짜증만 나고 운동 잘하는 사람이 또 그렇게 부러웠다. 하지만 이깟 운동, 먹고 사는 것도 아닌데, 안 하면 그만이지 하고 스스로 위로했지만 왠지 뒷맛은 씁쓸했다. 작년 3월 말에 현직에서 물러났으니 딱 일 년이 되었다. 처음 고향에 내려왔을 때에는 정말이지 눈앞이 막막했었다. 무엇을 먹고, 무엇을 입고, 무엇을 할 것인지 고민하면서 밤잠을 못 이루고 뜬눈으로 지새운 날이 얼마였던가. 지금은 예전보다는 나으니 역시 세월이 약인가 보다.

친구 중에 한 사람은 내일이 마지막 근무일이고 또 한 친구는 6월

30일이면 인생 제1막의 종을 쳐야 한단다. 이것을 끝으로 우리들의 세대는 모두 황혼의 길로 접어든다.

많은 선배님들이 이미 겪었을 아쉬움과 서러움을 나는 겪지 않으려고 미리 다짐하고 그토록 악착같이 살아왔건만 이처럼 가슴이 미어지고 서러운 건 어인 일인가. 그래서 이런 슬픔, 저런 부러움 모두 떨쳐버리고 좀 더 멋진 노신사로 거듭나 보고자 수필창작반에 입교했지만 이곳 또한 부러움 가득한 곳이다. 우리들 주변에 지천으로 깔려 있는 평범한 소재를 어쩌면 그렇게도 맛깔스럽게 표현하는지 모르겠다. 군더더기 하나 없이 읽는 사람들로 하여금 저절로 고개를 끄덕이게도 만들고 때론 가슴 뭉클하게도 만드니 말이다. 마치 TV 요리강좌에서처럼 요란하고 복잡하지도 않지만 한 두어 해 정도 묵혀 놓은 묵은 김장김치처럼 깊고 감칠맛이 난다. 그래서 옛부터 "붓은 칼보다 강하다." 라 했나 보다.

나는 죽었다 깨어나도 그렇게 못 쓸 것 같다. 자고로 사람은 크고, 만사를 잘하고 볼 것이다.

어찌 되었든, 이 세상은 모두 내 부러움의 대상이다.

시골성당

우리 집 가족은 모두 성당에 다닌다. 나는 그 잘난 모태신앙인이고 아내는 나와 결혼한 다음해에 세례를 받았고 우리 아들은 역시 유아세례를 받았다. 작년 말 우리 집으로 시집 들어온 며늘아기는 결혼 전에 세례를 받았다. 명색이 그 이름도 찬란한 가톨릭 집안이다. 내가 시내에서 살다가 이곳 시골로 이사 온 지 어언 11년이 되었으니 상관성당과의 인연도 그와 같다.

시내성당과 시골성당의 차이점은 시골성당은 마당이 넓어 좋다. 정원에는 철따라 꽃이 피고 지고 마당 한가운데에는 수십 년이 된 벚나무 하나가 떡 버티고 서 있다. 외형상으로는 여느 성당과 별 차이가 없어 보이지만 시골성당은 유독 연세가 많으신 분들이 많다. 젊은 사람들이 시골에 들어와 살다가도 아이가 중학교에 입학할 때쯤이면 자녀들 상급학교 진학을 위해 시내로 나가버리니 시골에는 아주 젊은 층과 나이 많으신 노인 분들로 양극화 현상이 뚜렷하다.

내가 다니고 있는 상관성당은 지금으로부터 54년 전에 나무와 적벽돌로 지어진 구 성전과 7년 전에 새로 지은 새 성전, 두 개의 성전이 있다. 성당의 살림살이가 넉넉하여 성전이 두 개가 아니고 여기에는 그만한 사정이 있다. 54년 전에 건립되었다는 구 성전은 6 · 25전쟁 당시구호물자로 들어온 잉여농산물을 팔아 지었다 하여 일명 '밀가루 성당'으로도 불리운다. 당시 건축의 주 자재가 나무이고 벽돌이다 보니 지금의 철근콘크리트만은 못 했으리라. 그리하여 바람이 부는 날이면 창문이 덜컹거리고 비가 오는 날이면 비가 새 전기가 나가버리고 마이크가 꺼져 미사가 중간에 끊기곤 하였다. 여러 차례 보수를 해 보았지만 근본적인 문제 해결은 되지 않았다. 이러한 불편 때문에 모든 신자들이 구 성전을 보수하기보다는 새로운 성전을 짓는 쪽으로 의견을 모았다. 하지만 문제는 재정이었다.

일명 '비상대책 위원회'가 조직이 되고 일복 많은 나는 하필이면 제일 머리가 아픈 '재정부장'을 맡았다. 하느님의 성전을 우리들의 손으로 지어보자고 모든 신자들의 가슴이 뜨겁게 달아올랐다. 하지만 그 막대한 자금을 어떻게 마련할 것인가.

여러가지 안들이 나왔지만 뾰족한 대안은 없었다. 최종적으로 모든 신자들에게 필요한 생필품을 도매로 싸게 구입하여 전국의 모든 성당에 팔기로 결정했다. 전국의 성당 목록을 놓고 지역 별로 구역을 나누었다. 사전에 본당신부님의 승인을 얻어야 했다. 먼저 우리 성당의 사정을 말씀드리고 생활에 필요한 물품들이니 도와주는 셈치고 좀 팔게 해달라고 통사정을 했다. 열에 일곱, 여덟은 퇴짜였다. 그러한 사정으로 부탁하는 시골성당들이 한둘이 아니어서 부탁하는 대로 승낙을 해주면 신성해야 할 성당이 장사 터가 된다는 이유였다.

어렵게 승낙을 얻어낸 성당으로 토요일 오후가 되면 3,4명씩 조를 지어 서울, 부산, 대구, 광주, 강릉 심지어 제주도까지 전국을 누비며 영광에서 사온 굴비며 강경에서 사온 젓갈, 북한산 민물참게장 등 가짓수도 이루 말할 수 없이 많았다. 굴비를 팔러 다녀 오면 온몸에서는 굴비 냄새가 났고 젓갈을 팔러 갔다 오면 몸에서는 젓갈 냄새가 났다. 그래도 그때는 힘든 줄도 모르고 뿌듯했었다. 다녀오면 다른 팀들의 판매대금 까지 합하여 결산하고 보고서를 작성하곤 하였다.

지금까지 살아오면서 내 몫으로는 이쑤시개 하나 팔아보지 않은 내가 무려 4년 동안이나 이 고생을 하였다. 정말 피눈물 나는 고생이었지만 서광은 보이기 시작했다. 더더욱 고마운 것은 이 일로 인하여 모든 신자들이 하나가 되었다는 사실이다.

4년 동안의 각고 끝에 지금의 새로운 성전을 우리들의 손으로 지었고, 주교님을 모시고 축성식이 있었던 날에는 모두가 감격의 눈물을 흘렸다.

그 덕으로 지금은 깨끗하고 편안한 성전에서 미사를 드리게 되었지만 지금 생각하면 그때 당시에 조금 더 고생해서라도 더욱 멋진 성전을 짓지 못한 것이 후회라면 후회로 남는다.

요즘은 구 성전이 말썽이다. 성당 옆에 아파트가 들어서기 전까지는 우리 성당이 읍내에서 제일 높은 건물이었으나 지금은 아파트에 가려 외부에서 오시는 분들은 쉽게 찾지도 못한다. 높은 종탑도 있고 붉은 벽돌로 지어졌기에 시골을 여행하면서 흔히 볼 수 있는 언덕 위의 예배당 같다. 보기에도 멋스럽고 보존 가치도 있어 교육관 정도로 사용하려고 그냥 놓아두었으나 지난 겨울 동안 바닥의 온수 파이프가 터졌기에 보수를 하였는데, 봄철이 되니 마룻바닥이 주저앉아 신자 분들의 도움을 받아 콘크리트로 보강하였다. 이제는 아무런 일도 없으려니 생각했는데 이번에는 벽체에서 물이 새고 바닥에는 전기장판을 추가로 깔아야 한단다. 대충으로 소요금액을 뽑아보니 일천만 원을 훨씬 웃돈다. 이번에는 무슨 얼굴로 신자들에게 도움을 청한단 말인가?

집에 가도 돈 걱정, 회사에 와도 돈 걱정, 마음 편하려고 성당에 가도 돈 걱정이니 죽으면이야 잊을까 살아생전에는 돈 걱정으로 편할 날이 없어 보인다. 거기에다 집사람은 남에게 욕이나 얻어먹으면서까지 왜 앞장서서 일하느냐고 머퉁이나 주고 있으니 이것이 바로 그 유명하다는 진퇴양난인가 보다.

그러나 나는 생각한다. 내가 없어도 상관 성당은 돌아갈 것이다. 모든 사람들이 역사의 주인공은 될 수 없다. 아주 극소수의 사람들에 의해 역사는 창조되었다. 역사의 수레바퀴를 우리 모두가 밀고 있던가? 역사의 방향타를 우리 모두가 잡고 있던가? 각박한 현실 속에서 가장 지독한 따돌림이란 독설이 아닌 무관심이라 하지 않았던가. 똑똑한 방관자보다는 조금은 부족하지만 더불어 사는 사람이 되고 싶다.

나를 깨우친 시골 할머니

벌써 13년 전쯤의 일이다. 우리나라가 IMF의 통제 하에서 신음하고 있을 때에 나는 리비아에서 근무하고 있었다. 당시 국내에 있었던 사람들도 나름대로의 어려움들이 있었겠지만 나라 밖에서 일하던 건설 근로자나 특히 해외 이민자들이 겪었던 마음의 고통은 일일이 다 표현할 길이 없다. 말은 없지만 가소롭다는 듯이 쳐다보는 현지인들의 따가운 눈초리는 초등학교시절 선생님께 맞았던 회초리보다 더 매섭고 고통스러웠다. '응, 그러면 그렇지. 니놈들이 언제부터 그리 잘났다고 빨리도 샴페인을 터트리더니, 내 그럴 줄 알았다. 고생 좀 해 보아라. 너희들은 IMF의 손아귀에서 영원히 벗어나지 못하리라. 아니 저주를 받아라.' 하는 눈치였다. 전에는 그리도 고분고분하던 현지 납품업자며 여행사에서조차 너의 나라가 그처럼 형편없이 되어 돈을 받지 못할지도 모르니 비행기 표를 줄 수 없다 하여 내 돈으로 티켓을 구하여 귀국하였다. 밖에 나와 보면 국력을 실감할 수 있어 국내에 있을 때에는 무심코 쳐다보았던 태극기만 보아도 코끝이 시리고 눈시울이 뜨거워진다. 밖에 나와 있다 보면 누구나 애국자가 된다. 그래서 나도 한때는 애국자였다.

귀국하여 보니 나라 안팎은 온통 난리고 회사 역시 어렵긴 마찬가지였다. 회사에는 일거리가 없어 한창 바쁘게 움직여야 할 직원들은 맥이 빠진 채 어깨가 처져 있고 사람들의 얼굴에는 웃음을 잃고 구조조정을 당할까봐 불안해했다. 그 어려운 시기에 남들은 행여 회사에서 쫓겨날까 봐 자라목처럼 움츠리고 있는데 나는 뭐가 그리도 잘났다고 내 손으로 사직서를 제출하고 말았다. 그리고 사업을 해 보겠다고 덤볐으니, 기존의 업자들도 두 손 들고 나가떨어지는 판에 난들 잘될 일이 있었겠는가. 일거리를 찾아 전국을 정신없이 쫓아다니고 있을 당시에 시골길에서 우연히 한 할머니를 만났다. 이 우연하고 짧은 만남이 오래토록 기억에 남는다.

때는 애호박이 나오고 사람들이 다슬기를 잡을 때이니 아마 이때쯤이었나 보다. 정읍에서 일을 마치고 옥정호, 구불구불하고 운무가 자욱하고 녹음이 우거진 한적한 시골길을 따라 모처럼 혼자서 시골여행을 떠나온 사람처럼 가벼운 마음으로 운전대를 잡았다. 갈담 삼거리에서 핸들을 왼쪽으로 꺾어 덕치를 지나 임실 쪽으로 차를 몰고 있었다. 이때 우연찮게 조그마한 보따리를 손에 들고 시골버스를 기다리고 계시는 할머니 한 분을 발견했다. 보아하니 일찍이 돌아가신 내 어머님

보다야 10여 년 정도는 젊으시지만 언뜻 보아도 70은 훌쩍 넘어 보이셨다.

언제부터인지 할머니들을 보면 어머니를 연상하는 버릇이 생겼다. 급히 차의 속도를 줄이고 행여 할머님께서 놀라실까봐 아주 천천히 할머니 곁에 차를 세웠다. 조수석의 창문을 내리고 "할머니 제가 임실 쪽으로 가는 중인데 그쪽으로 가시면 모셔다 드릴까요?" 하고 점잖게 여쭈어보니 마침 임실로 가신단다. 세상이 하수상한 때라 웬만한 시골할머니들도 이 같은 호의를 거절할 때가 많은데 이 할머니께서는 흔쾌히 승낙하셨다. 뒷좌석의 문을 열어드리고 할머니를 태웠다. 이제부터 나와 할머니는 한 차를 탄 한 운명체가 된 것이다. 만약에 천에 하나 만에 하나라도 사고가 난다면 같은 운명이 될테니 말이다.

시골 할머니이시니 어찌 논, 밭일을 안 하실 수 있겠는가. 비록 얼굴은 햇빛에 그을려 거무스레하지만 보통의 시골할머니 같지는 않음을 한눈에 알 수 있었다. 할머니를 실은 차는 임실을 향하여 느리지도 빠르지도 않게 조용히 달렸다. 난생처음 만난 사람들이 한 차에 탔으니 분위기야 당연히 서먹하지 않겠는가. 이럴 때면 당연히 나의 재치가 진가를 발휘할 때다. 그러니 맨 먼저 입을 연 쪽은 나였다. "할머니! 머지않아 어두워질 텐데 이 시간에 왜 출타세요." 하고 물었다. 아들이 임실읍사무소에 근무하고 있는데 이가 좋지 않아 아들 퇴근시간에 맞춰 아들 사무실에 가서 함께 전주 병원에 가시기로 했단다. "아! 그러세요. 아드님이 효자이신가 봅니다." 하고 말씀을 받아 이으니 내 말씀이 싫지는 않은지 빙그레 웃으신다. 그러시더니 아들에게 전화를 하게 내 핸드폰으로 아드님에게 전화를 연결 시켜달라고 전화번호를 불러 주신다. 전화를 걸어 할머님께 주시니 "응, 나 지금 승용차를 얻어 타고 가고 있으니 곧 도착할거니." 말씀하시고 전화를 끊었다. 백미러를 통해 힐끗힐끗 할머니를 바라볼 수는 있었는데 내 차가 목적지에 거의 다다르자 갑작이 뒷좌석이 소란스럽다. 아니나 다를까 내가 예측한 대로 할머님께서 쌈지를 여시고 무엇인가를 손에 쥐고는 생면 부지한 사람에게 신세를 졌으니 몇 푼 안 되지만 시원한 음료수라도 사 먹으라고 손을 내미신다. "할머니! 저 그동안 그렇게 살았으면 진즉 부자가 되었을 것입니다. 일부러 들른 것도 아니고 제가 오는 길에 할머니를 태웠을 뿐인데 이러지 않으셔도 됩니다." 하고 정중이 거절하였다. 거절하는 데도 예의가 필요하다. 호의를 베푸는 쪽의 기분을 상하지 않도록 세심한 배려와 기술이 필요하다. 그랬더니 이번에는 할머니가 손에 들고 계신 조그만 검은 비닐봉지를 내미시면서 아들에게 줄려고 할아버지가 집 앞 개울에서 오늘 아침에 잡으셨다는 다슬기 한 주먹과 애호박 하나를 건네주신다. 그러시기에 "할머니! 저는 작아도 좋으니 하루에 하나라도 착한 일을 하려 합니다. 그런데 제가 이것을 받으면 제 업이 사라집니다." 하고 조심스럽게 말씀드렸다.

그 말씀이 그리 서운하게 들리셨던지 아니면 내가 거드름을 피우는 것으로 오해하셨는지, 나도 당신만큼은 할 수 있다는 의미였는지는 지금도 알 수는 없다. 그저 그런 시골할머니로만 생각했던 그 할머님 말씀인즉 "당신은 하루에 하나라도 착한 일을 하시려 하면서, 이 한 주먹밖에 안 되는 다슬기와 주먹만 한 애호박 하나로 착한 일을 하려는 나를 왜 말리십니까?"라고 말씀하셨다. 실로 날카로운 일격이었다. 시골 할머니의 입에서 나오리라고는 전혀 예상치 못한 깨우침을 나에게 내려 주신 것 같았다. 나는 순간적으로 정신이 아찔하고 쥐구멍이라도 있으면 숨어 버리고 싶을 정도로 창피하고 부끄러웠다. 내가 그동안 그처럼 남을 무시하고 으스대며 살았던가. 내가 알면 남보다 무엇을 얼마나 더 알며, 내가 가진 것이 많다면 남보다 얼마나 더 많이 가졌으며, 내가 남보다 나은 것이 무엇이기에 이처럼 상대의 마음을 상하게 해드렸을까 하는 자책감 때문에 마음이 혼란스러웠다. 무슨 변명이 필요할까. 이럴 때에는 순발력이 필요하다. 정신을 가다듬고 기어들어가는 목소리로 겨우 "할머니! 고맙습니다. 가지고 가서 잘 먹겠습니다."라는 말로 그 아슬아슬한 순간을 모면하였다. 그리고 어떻게 목적지에 도착했는지 기억도 안 난다.

차가 임실읍사무소 앞에 도착하니 건장한 젊은 사람이 정문 앞에 서 있었는데 내 직감으로 할머니의 아드님임을 알 수 있었다. 도착하실 시간에 맞추어 미리 나와 어머님을 맞이하는 것이었다. 그것을 보고 역시 그 어머님에 그 자식이구나 하는 생각을 했다. 비록 시골이지만 자식을 공부시켜 그래도 명색이 펜대 잡고 먹고 살 수 있도록 해 놓으셨구나 하는 생각에 그 할머니가 참으로 부러웠다.

사무실에 들러 차라도 한 잔 들고 가시라는 젊으신 분의 청을 정중이 거절하고 황급히 그 자리를 도망치듯 빠져나왔다. 나 같은 사람은 그 사람들과 물 한 잔도 함께할 수 있는 자격조차 없는 사람처럼 느껴졌기 때문이었다. 그 할머니와 함께한 시간이라야 길어야 20여 분 정도이였지만 그 할머니가 나에게 깨우쳐주신 가르침은 평생을 두고 잊지 못할 교훈이 되었다. 거만하지 말고, 겸손할 줄 알고, 남의 마음을 헤아릴 줄 알며, 남의 호의를 받아들일 줄 알며 살라는 엄한 꾸짖음으로 알고 살아야겠다.

최종 평가서

토요일 오후, 사무실은 조용하다 못해 절간처럼 적막하다. 태초에 천지가 창조되기 이전에도 이처럼 고요했을까? 흔히 사람들은 이러한 시간이면 음악도 듣고 책도 읽고 글도 쓰면 좋겠구나! 비 오는 가을 날 향기 진한 커피를 마시며 잔잔한 음악을 듣고 있으면 천국이겠구나! 하고 생각하지만 너무나 적막하다 보면 내 자신도 적막 속으로 빠져들어 실상 아무것도 하지 못한다. 때문에 사람들은 적당히 긴장하고, 조금은 부대끼며 살아야 한다. 어쩌다 울어대는 전화기의 벨소리만이 내가 살아있음을 인식케 한다.

함께 수필수업을 받는 문우들에게 간단한 안부 메시지를 보내고 홀로 멍하니 넋 나간 사람처럼 앉아 있다. 밖에는 떨어진 낙엽 위로 가을비가 내리고 심술 궂은 바람은 괜히 창문을 흔들고 지나간다. 비에 젖은 낙엽은 신나게 뒹굴지도 못 하고 화석처럼 길바닥에 찰싹 달라붙어 있다. 지금은 비록 낙엽이지만, 올봄만 해도 어린아이 손등처럼 연하디연한 새순을 틔우며 세상 밖으로 나왔을 때나, 여름에 무성한 잎이었을 때에는 가을이면 낙엽이 되리란 상상도 못했으리라.

사람들은 겨울 내내 딱딱한 나무껍질 속에 숨어 있다가 두꺼운 껍질을 뚫고 삐져나오는 새싹을 좋아하고, 여름이면 무성한 잎으로 뒤덮인 숲을 좋아하지만, 가을이면 곱게 물든 단풍을 좋아한다. 낙엽! 낙엽은 황혼기를 의미하며 지는 해를 말하기도 한다.

지금도 가느다란 나뭇가지에 매달려 스쳐 지나가는 바람에도 떨어지지 않으려고 애쓰는 모습이, 오랜 세월 동안 병마에 시달리어 얼굴은 창백하고 갈비뼈들의 모양이 선명하게 드러나 보일 정도로 말라버린, 그래서 생의 마지막 끈마저 놓아버리고 싶어 하는 말기 암 환자처럼 애처롭다. 그런데 사람들은 왜 단풍을 더 사랑할까. 그것은 이른 아침 대지를 박차고 떠오르는 일출도 아름답고, 중천에 떠 이글거리는 태양도 아름답지만, 눈, 비를 맞아가며 고된 하루를 마감하는 일몰이 아름다운 것과 같으리라.

그래서인지 나는 갓난아이의 순진함도 사랑하고 혈기 발랄한 젊은이들도 사랑하지만 곱게 물드신 노인 분들을 더욱 사랑한다. 길가나 공원에서 요란스러운 옷을 입고 남들이 보든 말든 개의치 않고 서로 끌어안고 오두방정을 떠는 젊은이들을 보면 고개를 돌려버리지만 모시옷 곱게 차려입고 다정히 걸어가시는 노부부들을 보면 가던 걸음을 멈추고 서서 끝까지 지켜보곤 한다. 나도 저처럼 곱게 늙어야 할 터인데 하는 부러움이 앞선다.

내가 지금보다 더 젊었을 때에는 잘생기고 멋진 사람들이 부러웠지만 내 취향이 달라진 걸 보면 나도 철이 들었나 보다.

나뭇잎은 나무의 뿌리가 깊어 바람에 흔들리지 않고 충분한 영양을 섭취해야 무성하게 자란다. 적당한 비와 바람과 햇빛도 필요하다. 그러한 나무의 잎이어야만 곱게 물든다. 이러한 이치로 따진다면 인간이나 말 못하는 동물이나, 한곳에 뿌리를 내리고 사는 식물이나 똑같다. 시작도 과정도 좋아야 결과도 좋다. 조상의 근본이 사악하면서 어찌 후손에게 선함을 기대할 수 있겠는가. 팥을 심어놓고 어찌 콩을 기대하며, 무를 심어놓고 어찌 산삼을 바라리오. 모든 역사에는 그 뿌리가 있고 결과가 있다. 악을 행하고 선을 기대하지 마라. 떨어져 나갈 한 잎 낙엽도 우리에게 가르쳐주고 있지 않은가.

어찌 되었건 지나간 과거는 덮어주자. 중요한 것은 앞으로 살아갈 날들이 문제다. 곱게 물든 단풍처럼, 곧 사라져 없어질 운명이지만 최후의 순간까지 자신을 불태우며 아름다움을 선사하는 일몰처럼 남들 보기에도 좋은 그런 삶을 살아보자.

며칠 전, 11년 전에 내가 이곳으로 이사와 알게 된 동네 어르신 한 분이 돌아가셨다. 나하고는 띠동갑이시니 그리 연세가 많으신 건 아니었지만 평소 심장질환으로 고생하셨단다. 괜찮으려니 생각하시고 밭에 나가 일하시다 갑자기 운명하셨다. 내가 이곳으로 이사 와 고전하고 있을 때에 그분에게서 많은 도움을 받았다. 젊은 시절부터 동네 이장직을 맡아 28년 동안을 역임하셨단다. 그 공로로 대통령표창까지 받으셨다고 술 한잔하시면 온 동네가 시끄러웠다. 여느 동네보다 깨끗하고 모든 길이 잘 정리되어 있음은 모두 그분의 덕택이다. 슬하에 4남 2녀를 두셨으니 다복도 하셨다. 조문 차 빈소를 찾았다. 장지 문제며 승화원 문제로 나흘 장을 치렀는데도 그 넓은 빈소가 조문객으로 가득 차 빈자리가 없어 저녁식사도 못하고 돌아왔다. 그분은 곱게 물든 단풍처럼 그렇게 가셨다. 돌아오는 길에 많은 것을 생각했다.

그분은 한평생을 어떻게 사셨기에 그 많은 사람들이 그분의 죽음을 애통해하며 마지막 가시는 길에 노잣돈을 들고 배웅까지 나왔을까? 내가 죽고 나면 나의 빈소에는 몇 명의 조문객이나 다녀갈까?

한 사람의 최종평가서는 그 사람의 관 위에 놓인다고 한다.

하얀 단풍

이제는 그 곱던 단풍마저 모두 져버렸다. 높고 푸른 가을하늘, 목화꽃같이 속이 꽉 차고 포근한 가을 구름, 그리고 한들거리는 억새풀하고도 잘 어울리는 단풍이었는데 속절없이 가버렸다. 내년 가을이면 다시 볼 수 있으련만 인생사 어디 내일인들 기약할 수 있으리오.

초겨울의 찬바람이 앙상한 나뭇가지 사이를 마음대로 지나간다. 지나가는 바람을 막기는커녕 오히려 이야기도 나누고 좀 쉬었다 가시라고 나무는 애원이라도 할 처지인 것 같다. 곁에 붙어있는 것이라고는 말라붙은 가지 말고는 아무것도 없기 때문이다. 단풍잎을 모두 떨구어 버린 나뭇가지는 평생을 흙과 함께 살아온 가난한 촌부의 손만큼이나 거칠고 투박하다. 그 거친 손으로 어찌 이 험한 세상을 살아왔을까.

천지창조설을 믿지 않은 사람들도 이른 봄, 그 연하고 여린 새순이 딱딱한 대지를 뚫고 올라오는 모습을 보면 새 생명의 경이로움을 느끼곤 한다. 도저히 다음 봄에는 새순이 날 성싶지 않았던 메마른 나뭇가지에서 봄처녀의 젖꼭지만 한 앙증스러운 새순을 보면 조심스럽게 손가락을 모아 톡 따버리고 싶은 충동을 느낀다. 그것은 감히 인간의 예측을 빗나가게 한 것에 대한 응징이다. 인간의 이중적인 성격은 자연 앞에서 여실히 나타난다. 인간은 그랜드 캐니언이나 나이아가라 폭포 같은 엄청난 대자연의 앞에서도 경이로움을 느끼지만 너무나도 작고 보잘것없는 생명 앞에서도 동일한 크기의 경이로움을 느끼는 것은, 앞의 경이로움은 압도당함에서 오는 경이로움이라면 작은 것에서 느끼는 경이로움은 신비로움에서 느끼는 경이로움이다.

어찌되었건 이 어린것들이 자라 여름이면 무성한 잎을 자랑하고 마치 천하를 덮을 것처럼 등등하다. 하지만 이때 이들은 다가올 가을을 모른다. 그 푸르름과 무성함이 영원할 줄로만 생각했을 것이다. 그러나 현실은 냉혹하리만큼 빠르게 다가온다. 어느 날 갑자기 무기력해지고 머리가 무겁고 자꾸 잊어버리는 증상이 마치 여성들의 갱년기 초기 증상처럼 나타나기 시작한다. 짜증이 나고 체중은 불고 아랫배는 처지면서 튀어나온다. 얼굴이 자주 붉어지다가도 가라앉고 열도 오르내리기를 반복한다. 하다가 결국 얼굴에 기미가 끼기 시작한다.

이것이 단풍의 시작이란 걸 그때도 모른다. 그러다가 느닷없이 가을비가 내리고 찬바람이 휵하니 한 번 지나가더니 온몸이 물들기 시작한다. 그때서야 그것이 가을이고 낙엽이라는 것을 깨닫지만 아직 혹독한 폭설과 북풍한설은 모른다. 그때까지만 해도 참으로 보기 좋았다. 어떤 것은 노란색으로 물들고 어떤 것은 빨강색으로 물들고…. 결국 단풍도 지고 가지마다 하얀 백설을 머리에 이고 생을 마감한다.

인간은 자연에서 배운다. 사람도 나무처럼 봄이면 새순이 돋고 여름이면 혈기왕성했다가도 가을이면 단풍 들고 낙엽 되어 백설을 뒤집어쓴다는 걸 평생을 배워왔고 내 나이만큼 그 횟수도 반복되었다. 그런데도 매번 잊는다. 결국 하얀 단풍으로 끝나버린다는 걸 잊고 산다. 나는 하얀 단풍을 좋아한다. 사람이 나무처럼 노랗거나 빨갛게 물든다면 얼마나 우스꽝스러울까. 내 삶의 끝은 하얀 단풍이어야만 한다고 얼마나 간절히 소망했던가.

하얗게 물들기 시작한 인생이다. 아무것도 두르지 않고 채색하지 않은 순백을 더욱 아름답게 할 수 있는 것은 없을까. 군대 생활하며 너무도 힘든 훈련으로 모든 것을 포기하고 내려놓으려 했던 순간, 버스 창밖으로 누군가도 모르는 어느 여인이 흔들어준 하얀 손수건이 나를 다시 일으켜 세워줬다. 그보다도 더 어린 시절 주일 날 새벽, 고무신 높이보다 더 높게 쌓인 하얀 눈을 밟으며 성당엘 다녔다. 새벽별에 비친 하얀 설국이 지금도 잊히지 않음은 그토록 아름다웠기 때문일 게다.

모시적삼을 곱게 차려 입은 노신사가 평생을 곁에서 지켜봐준 아내를 한 발짝 뒤에 두고 빠르지도 느리지도 않고 품위 있게 걸어가셨다. 그 모습이 너무나 아름답고 멋져 보이기에 눈치채지 못하게 조심히 한참을 따라 걸어도 보았다. 하얀 손수건이 아닌 빨간 손수건이었다면, 하얀 눈이 아닌 노랑 눈이었다면, 노신사의 머리가 하얀 머리가 아닌 검은색 머리였다면 감동은 반으로 줄었을 것이다. 이제는 염색도 하지 않으련다. 원래의 색 그대로 하얀 단풍이 되련다.

가방이 세 개네

백수 주제에 나는 가방을 세 개나 가지고 있다. 하나는 회사 출근 당시 간단한 서류나 필기도구를 넣고 다녔던 근사한 가죽가방이다. 내가 굳이 이 가방을 꼭 들고 다녔던 이유가 있다. 첫째는 손에 무엇이든 들지 않으면 허전한 오랜 습관 때문이다. 둘째는 남들이 보았을 때 내가 어느 회사에 다니는 줄은 모르겠지만 화이트칼라 맨으로 봐 주었으면 하는 바람에서였다.

37년 동안 근무하면서 중간에 같은 스타일로 딱 한 번 바꾸었으니 이 가방도 나와 함께 십수 년을 근무한 셈이다. 가히 일등공신이라 하겠으나 딱히 보상해 줄 방법이 없어 미안하다. 많이 사용하면 닳는 사람의 손과 발처럼 비록 가죽으로 만든 가방이지만 손잡이 하며 가장자리에는 세월의 흔적이 묻어 있어 제법 연륜이 느껴진다. 하지만 주인과 함께 퇴역하고 집안 구석에 처박혀 먼지만 뒤집어쓰고 있는 신세가 가히 주인을 닮았으니 이 또한 충신 중의 충신이다.

이 가방과의 인연도 이것으로 끝인가 보다 생각하니 왠지 가슴이 멍하고 코끝이 저려온다. 내 인생처럼 이 가방도 언젠가는 아무도 모르게 조용히 사라지겠지.

또 하나의 가방은 주일날이면 성당에 갈 때마다 들고 다녔던 가방이다. 비록 세 개의 가방 중에 크기는 제일 작지만 가장 소중한 성경책과 묵주 그리고 기도문이 가득 들어있는 묵직한 가방이다. 주일 아침이면 일찍 일어나 몸과 마음을 정갈하게 씻고, 마치 회개하고 뉘우친 바리세인처럼 이 가방을 들고 발걸음은 성당을 향했지만 마음은 항상 무거웠다. 내 삶의 시작과 함께 시작된 신앙생활이었지만 머릿속에는 항상 천지창조에 대한 의혹과 사후세계의 의심 그리고 예수님의 부활에 대한 확신이 서질 않아 믿음은 한 걸음도 앞으로 나가질 못했고 항상 제자리였다.

뜨거운 가슴으로 믿질 못하고 차가운 머리로 판단하고 따지려드니 의심만 증폭될 뿐 믿음의 뿌리를 깊게 내리지 못하고 있다. 그뿐만이 아니고 요즘의 수도자나 성직자들의 삶의 행태에서 느끼는 실망이나 허탈감에서 신앙의 신뢰가 자꾸만 사라져가고 있다. 과연 그들이 하느님의 존재를 확신한다면 그처럼 행동할 수 있을까 하는 생각으로 가득하다.

나는 요즘 무엇을 어떻게 믿어야 하는가 하는 정체성의 혼란에 빠져 있다. 아무것도 나에게 확신을 주지 못한다. 아니면 내가 아무것도 믿질 못하든지……. 교회 역시 사람들이 모여 이룬 집단이니 사람으로 인한 상처 또한 있을 수 있다. 하지만 교회가 세속화 되어가는 것만은 용납할 수 없다. 하루 빨리 말씀으로 상처를 치유하길 바랄뿐이다. 그리하여 예전처럼 주일마다 이 묵직한 가방을 들고 가벼운 발걸음으로 성당을 향하길 기도한다.

마지막 가방은 금년 봄에 생일선물로 며늘아기에게서 받은 가방이다. 나는 매주 수요일 평생교육원으로 수필수업을 받으러 갈 때만 이 가방을 들고 간다. 이름하여 수필 가방이다. 어려운 시아버지에게 선물할 여러 가지 것들 중에서 왜 하필이면 가방이었을까를 생각해보았다. 물론 전에 들고 다녔던 가방이 남루해 보였을지도 모르지만 꼭 그래서 그랬다고는 단정하지 않는다. 남 보기에도 좋고 이왕 하는 수필공부라면 더 열심히 하라는 독려의 뜻도 담겨있으리라 생각한다. 뜻 깊은 선물이지만 나로서는 부담이 가지 않을 수 없다. 어찌되었든 열심히 공부해서 부끄럽지 않은 시아버지가 되어야겠다. 이처럼 나는 으지짠하게도 가방이 세 개이지만 하나가 더 필요하다. 그것은 돈이 가득 든 커다란 돈 가방이다.

3. 4중주와 4중창

나 홀로 저녁식사

36계 줄행랑

4중주와 4중창

차격車格과 인격

무제

28등

최후의 세 시간

바뀌어야 산다

또 한 번의 이별

나 홀로 저녁식사

나와 같은 시대의 사람이라면 대부분 경험을 했겠지만 나 역시 어린 시절 부모님과 7남매가 조그마한 시골집에서 함께 살았다. 그 좁은 공간에서 여러 사람들이 생활을 하다 보니 좋든 싫든 간에 스킨십은 피할 수 없는 운명이었다. 아침에는 같이 일어나야 하고 저녁이면 동시에 잠자리에 들어야만 했다. 아침, 점심, 저녁식사도 함께해야 했다. 형이 쓰던 책과 옷은 고스란히 동생들에게 대물림되었다. 눈에 보이는 책과 옷만이 전수된 것이 아니고 그 속에 담겨있는 혼까지도 함께 물려받았다. 그러면서도 별 불평 없이 당연히 그러한 것으로 여겼다. 그런 부대낌과 긴장 속에서 형제들은 마치 밀림 속의 맹수들처럼 기강이 바로서고 연대감이 형성되었다. 그러기에 집안에서는 형제들끼리 서로 치고 받고 싸우면서도 동생이 밖에서 남에게 얻어맞고 들어오면 형이 나섰고 형이 처리하지 못하면 그 위의 형이 나섰다. 이처럼 비좁은 공간에서 대가족이 생활하다보니 불편한 점도 많았지만 외롭고 쓸쓸할 틈이 없었다.

하지만 요즘 나는 외톨박이다. 그래서 외롭다. 떡을 먹고 체해 본 사람은 아무리 세월이 흐른 뒤에도 떡만 쳐다보면 또 다시 체한 것처럼 식은땀이 흐르고 헛구역질이 나듯이 어린 시절 많은 형제들 때문에 고생을 많이 겪은 나는 '자식 많은 것도 죄다.' 라는 생각에 딸도 없이 아들만 하나를 두었다. 첫아이를 낳고 보니 아들이기에 더 이상은 두질 않았다. 이것이 업業이 되었는지 이 업이 나를 외롭고 쓸쓸하게 한다. 속을 썩이던 아들일지언정 곁에 있을 때에는 그나마 덜 외로웠는데 아들 녀석마저 지난겨울 제 짝을 찾아 저희들 보금자리로 떠나버렸으니 이제 곁에 남아있는 사람은 아내뿐이다.

그 아내마저 살림에 보탬이 되어 보겠다고 아침부터 밤늦게까지 일을 하다 보니 남편 챙길 여력이 없나 보다. 아침식사는 아내와 함께하지만 퇴근하여 집에 돌아오면 아내 없는 집안은 어둡고 오랜 세월 동안 비어 두었던 집처럼 휑하니 냉기가 돈다. 집안에 불을 밝히고 나면 먼저 주방 쪽으로 가서 행여 먹을 만한 국이나 찌개거리가 없나 기웃거려 보지만 항상 기대 이하다. 냉장고 안에서 아침밥상에 올랐던 반찬 한두 가지만을 골라 나 홀로 저녁식사를 한다. 식사도 여럿이 둘러앉아 이야기를 나누며 먹어야 맛이 있다는데 '나 홀로 하는 식사'가 얼마나 맛은 있으며 살로 가겠는가. 이 외로움을 지워보려고 오늘 밤도 소주를 꺼낸다. 냉장고를 열어보니, 이런 나의 외로움을 아내도 아는지 나를 위로한답시고 오늘 낮에 슈퍼에서 소주 한 박스를 사다가 냉장고 안에 수북이 쌓아 두었다. 이것을 보고 나는 그만 '피식' 웃어버리고 만다. 이것이 바로 끈끈한 부부간의 정이며 '석가모니 부처님과 제자 가섭 사이의 미소' 인가 하고.

한 지붕 아래에 살아도 생활 패턴이 다르니 아내인들 어찌하겠는가. 해답이 없다. 그래서 추위도 배고픔도 외로움도 내 스스로 해결해야 한다. 다행스러운 것은 학창시절 피치 못할 사정으로 수년 간 자취생활을 해본 경험이 있기에 밥 짓고, 설거지하고, 청소하고, 심지어 간단한 바느질 정도는 여느 여자들 실력 못지 않다. 내 손으로 밥이라도 차려 먹을 수 있으니 그나마 다행이다.

나는 결혼생활을 한 지 31년이 되었으나 아내가 내 옷차림에 코디를 해준 것은 단 한 번도 없다. 양복이며 와이셔츠며 넥타이를 세탁하여 옷장에 걸어만 놓으면 내가 골라 차려입는다. 그런 탓에 항상 깔끔하지 못하고 없어 보이지만 나는 그것이 편하다. 내 옷차림에 대해 아내와 딱 한번 다툰 일이 있다. 아들 녀석 결혼식을 앞두고 결혼식 당일 내가 입을 옷에 대해 나는 평소에 입던 옷을 깨끗이 세탁하여 입겠다고 우기고 아내는 집안 체면을 생각해서라도 새 옷을 사자고 했다. 결국은 아내의 뜻을 따르기로 하고 새 옷을 샀으나 그 비싼 옷을 딱 한 번 입고 말았으니 상당한 낭비가 아닐 수 없다.

이처럼 먹는 것, 입는 것 등 모두를 스스로 해결할 수는 있으나 내

생에 단풍이 물들기 시작한 요즈음에는 외로움만은 스스로 해결하지 못하겠다. 이것을 달래보려고 책도 읽고, 음악도 듣고, 영화도 보고, 글도 써보지만 백약이 무효다. 하지만 시간이 흐르면 내 몸 안에 외로움에 대한 면역이 커져 잘 이겨내리라 생각한다.

36계 줄행랑

소림사! 중국 무협지나 전통 무술 영화에 어김없이 등장하는 소림사 무술은 그 과장이 도를 넘었다라고 생각하면서도 끝까지 눈을 떼지 못함은 매사에 찌들린 우리들의 울분을 한 번에 확 날려버리고 싶은 깊은 충동에 기인하지 않나 생각한다.

소림사는 지금의 중국 허난성 정저우 숭산에 있는 사찰로 493년에 세워졌으며 원래는 스님들의 수행을 위한 사찰이었다. 590년경 인도에서 불교를 전파하려고 중국으로 건너온 달마대사가 소림사에서 9년 동안 면벽좌선하고 나서 사람의 마음은 본래 청정하다는 이理를 깨닫고 스님들의 심신수련의 일환으로 다섯 동물들의 기본동작에서 착안하여 우슈라는 무술의 기초를 놓게 된다. 이외에도 각 지방에 따라 자신을 보호하고 나라를 지키기 위해 나름대로의 독특한 무술들이 수없이 많다.

중국의 역사를 통하여 볼 때 그 넓은 영토에서 춘추와 전국시대를 거치며 수많은 나라들이 세워지고 사라지고 하면서 그때마다 많은 영웅호걸들이 천하를 얻으려고 중원을 누비며 살아남기 위해 나름대로의 무술을 연마해야만 했다. 무림은 넓고 고수는 많다 보니 적보다 약하면 단칼에 목이 달아날 판이니 무림인들은 최고의 고수가 되어야만 했다. 그래서 그들은 생존의 방법으로 뜻을 같이하는 사람들끼리 그룹을 만들고 마치 조선시대처럼 파벌싸움을 하듯 ○○파, △△파로 뭉쳤으며 그들만의 기술을 연마했다.

하지만 이것은 커다란 비극의 서곡에 불과하다. 그들은 닦고 연마한 당대 최고의 무술을 부패한 관리들로부터 우매한 백성들을 보호하는 데 사용하지 않고 권력이나 황금의 노예로 전락하는 한편, 일부는 자신들의 그릇된 욕망을 채우기 위해 선량한 백성을 학살하고 착취하는 데 급급했다.

오늘날 그때의 상황을 들추어보면 지금의 세태와 조금도 다르다 할 수 없다. 아니 오히려 더욱 추악하고 악랄함만 더해졌을 것만 같다. 당시의 무인들은 헐렁하고 남루한 옷차림에 커다란 삿갓을 쓰고 험악한 인상에 긴 칼을 차고 다녔으니 누가 보아도 무인이라 알아볼 수 있었다. 하지만 지금의 협잡꾼들이야 남들보다 더 번지르하고 말솜씨 역시 청산유수이다 보니 옥석을 가릴 방법이 없으니 더욱 더 위험할 따름이다.

이러한 무술들이 지금은 거의 사라지고 없지만 살아남은 무술들은 소림사에 모여 전통적인 무예로 발전, 계승되고 있다. 요즘은 이것도 관광 상품으로 외화벌이에 사용되고 있다니 격세지감이다.

그런데 그 많은 무술 중에 36계라는 무술이 있단다. 일단 초보자가 입문을 하게 되면 본격적인 무술연마에 들어가는데 1계에서부터 시작하여 36계를 마치면 그야말로 최고수가 된단다. 그런데 일반인들이 생각하기에 최종단계인 36계는 최고의 살인기술로 생각할 수 있으나 실제로 36계는 줄행랑을 치는 것이란다. 아무리 최고수라 할지라도 자신보다 강한 자를 만나면 줄행랑보다 더한 기술이 있겠는가.

그래서 우리 속담에도 진퇴양난, 옴짝달싹 못할 처지에 놓였을 때는 '에라 모르겠다, 36계 줄행랑이나 치자.'라는 말이 생겼을까.

이 36계 중에서 중간 정도인 18계쯤을 연마한 사람들이라면 손가락 하나로 상대방을 크게 상하게 할 수도 있고 생명을 앗아갈 수도 있는 대단한 무술인들이니 36계를 연마한 사람들이라면 두말하면 무엇하랴.

그런데 36계를 연마한 고수들에게 하수들이 시비를 걸어오면 고수는 자리를 피하고 만단다. 그것은 하수들에게 패하여 창피를 당할까 봐 두려워서가 아니고 실수로라도 하수를 크게 다치게 한다거나 명줄을 끊어버릴지도 모르니 하수인들을 보호하는 차원에서 자리를 피한단다. 과연 무예의 달인이요 최고수의 참된 정신이 아닌가 싶다.

나는 오늘날 우리 사회에서 이 최고수의 정신이 사라졌음에 울분을 토한다. 나보다 약하고 부족하고 모자라는 사람들을 이 최고수의 정신으로 감싸 안아 줄 때 살맛나는 세상이 되지 않을까.

우리들은 나보다 좀 약하다 싶으면 처음부터 깔아뭉개고 나보다 강하고 잘나간다 싶으면 슬쩍 발이라도 걸어 넘어뜨리고 넘어지면 그 위를 딛고 일어서야만이 직성이 풀리는 삭막한 세상이다. 낮이고 밤이고 어두운 곳이든 환한 곳이든 마음 놓고 나다닐 수 없는 세상, 자식들이 집에 들어와야 마음이 놓이는 세상, 어린 중학생들이 환한 대낮에 아파트 놀이터에서 아무런 거리낌 없이 버젓이 담배를 피워 대도 후환이 두려워 충고 한마디 할 수 없는 세상.

성당이나 교회에 가서는 '가난한 이웃을 사랑하고, 힘없고 불쌍한 고아나 과부를 업신여기지 말라.' 고 입으로는 침이 튀도록 외쳐대면서도 교회 문만 벗어나면 자식들에게는 가난한 이웃집 아이들하고는 놀지도 말라고 야단치는 부모들. 줄행랑의 기술이 아니라 최고수의 정신이 아쉬운 시대다.

4중주와 4중창

나는 이 세상에 있는 그 많은 악기樂器 중에서 어느 것 하나 연주할 줄 모르는 악기맹樂器盲이다. 한국韓國악기뿐만이 아니고 양洋악기 또한 그렇다. 현악기, 관악기, 타악기 어느 것 하나 다룰 줄 아는 악기가 없다. 술이라도 한잔 들어가고 흥이 나면 기껏해야 손뼉을 친다거나 젓가락으로 상이나 두들길 정도다. 하지만 그것도 그리 신통한 실력은 아니다. 얼마 전에 친구들과의 술좌석에서 거나하게 취한 친구가 흥에 겨워 북채로 장단을 맞추며 멋지게 한가락 뽑아내는 것을 보고는 무척이나 부러웠다.

자식들을 모두 출가시킨 누나는 몇 해 전부터 남편은 뒷전으로 밀어놓으시고 도립국악원에 나가 한국무용, 장구, 창唱도 배우며 나름대로 노후준비를 잘해두고 있다. 사람들은 노후준비라 하면 재財테

크만을 생각한다. 예를 들어 연금은 얼마며, 보험은 몇 개를 들어 두었으며, 부동산 임대수입은 얼마며, 통장잔고는 얼마냐만 따진다. 그래도 자식들에게 손 내밀지 않고 노부부가 넉넉지는 않지만 궁색하지 않을 정도면 노후준비를 잘한 것이다. 일정한 수입이나 재원財源 없이 양로원 전전하며, 자식들 눈치나 슬슬 살피며, 몇 푼 안 되는 정부지원금이나 애타게 기다리는 사람들이라면 노후준비에 실패한 사람들로 구분한다. 물론 늙을수록 돈은 있어야 한다. 나이 들면 아픈 데도 많아지고 돈이 있어야 자식들이나 이웃에게도 대접받을 수 있다. 나이가 들수록 지갑이 가벼워지면 슬퍼진단다.

양로원에 가서도 자식들도 든든하고 가진 사람은 나이가 적어도 지갑을 열어 나이 많은 분께 술 사와라 안주 사와라 하며 큰소리를 친단다. 심지어 "네 이웃을 내 몸같이 사랑하고, 어린 고아와 과부를 불쌍히 여기라."고 가르치는 교회마저 가진 자에게는 비굴하리만큼 아첨하고, 없는 자에겐 가혹하리만큼 냉정하다. 물론 이것도 저것도 아니꼬우면 양로원이고 교회고 안 다니면 그만이겠지만 현실과 이상의 사이에는 눈에 보이지 않는 높은 벽이 있는 법이란다. 이처럼 세상사 모든 것들을 눈에 보이는 황금의 잣대로만 잰다.

물론 돈이 많으면 좋다. 먹고 싶은 것 먹고, 하고 싶은 것 하고, 갖고 싶은 것 갖고, 가고 싶은 곳도 자유로이 다닐 수도 있으며 남에게 폐를 끼치지 않아도 되며, 남을 도울 수도 있다. 하지만 눈에 보이지 않는 것들, 예를 들어 취미생활이나 봉사활동 준비 등도 노후준비의 판단 기준항목에 포함시키는 것이 바람직하지 않을까 혼자 생각해본다. 친구들과 만나면 소주나 마시며, 남의 흉이나 보고 남에게 대우받기 원하며, 담배연기 자욱한 골방에서 고스톱이나 치는 흰머리의 노인으로 전락하지 말자. 손에 쥔 것이 없으면 머릿속이라도 채우자.

내가 악기를 다루지 못한다 해서 음악을 듣지도 못하는 것은 아니다. 집에는 풀세트 전축을 갖추어 놓았고 스피커는 명색이 4-Way 시스템으로 준비했다. 아내는 아침마다 새벽기도를 드리고 성가를 틀어 놓는다. 하루를 성스럽게 시작하자는 의미일 게다. 나는 피아노 독주곡도 좋아하지만 특히 현악4중주곡을 즐겨 듣는다. 바이올린1, 2와 비올라 한 대, 첼로 한 대로 이루어진 현악4중주를 그 규모만으로 오케스트라와 비교함은 마치 다윗을 골리앗과 비교하는 격이 되겠지만 그것을 듣는 사람에게는 감미로움과 황홀감 그리고 끝내는 경외감까지 일게 하는 마력이 있다. 그러기에 18세기 중반부터 작곡가들은 4중주 작곡에 열을 올렸고 많은 사람들로부터 열광적인 사랑을 받게 되었단다. 내 삶은 현악4중주 악기 중 어느 악기쯤에 해당되며 역할은 제대로 했느냐고 물어온다면 “그렇다.”라고 자신있게 대답할 용기가 없다.

남은 올라가는데 나는 내려가고, 남은 앞으로 가는데 나는 옆으로 가지는 않았는지 모르겠다. 그리고 나는 내 삶을 얼마나 사랑했으며 얼마나 열심히 살아왔는지도 잘 모르겠다.

마치 악보도 볼 줄 모르는 연주자가 곁눈질로 옆 사람이 하는 모양만 훔쳐보고 맞는지 틀리는지도 모르면서 연주하며 살아온 그런 연주자는 아니었는지도 모르겠다.

모든 것은 불확실하다. 불확실하기에 불안하고 불안하기에 불행하다. 그렇다면 지금부터는 유능한 지휘자의 지휘봉을 응시하며 지휘봉이 올라가면 나도 따라 올라가고, 지휘봉이 내려가면 나도 따라 내려가련다. 그렇게 하다 보면 최고는 못될지언정 최선을 다했다는 평은 받으리라.

기악에 현악 4중주가 있다면 성악에는 이에 견줄 만한 혼성4중창이 있다. 남성만으로 또는 여성만으로 형성된 합창단보다는 남녀가 적당한 비율로 뒤섞인 혼성4중창은 꽃 중의 꽃이다. 소프라노와 알토 그리고 테너와 베이스의 조화는 가히 신이 만든 걸작 중 하나임은 틀림이 없다. 4중주나 4중창에서 보듯이 모두가 똑같으면 맛이 없다. 서로 다르지만 자신을 조금은 감추고 남을 받아들여 조화를 이룰 때에 최고의 멋이 창조된다. 4중주나 4중창은 독주나 독창이 아니므로 혼자만 잘해봤자 아무 소용이 없다. 오히려 망쳐버린다. 바이올린 소리가 너무 크다거나 소프라노의 소리가 너무 튄다면 그 공연은 실패한 것이다. 무엇보다도 중요한 것은 하모니를 이루는 것이다.

이 논리는 음악에서뿐만이 아니고 인생사 모든 일에 해당되는 교훈이다. 저 혼자 잘났다고 으스대면 언젠가는 적이 생긴다. 대그룹 회장이나 덕망 있는 사회 인사나 인기 많은 연예인들은 절대로 자기 입으로 자신을 자랑하지 않는다. 삼성그룹 이건희 회장이 "나는 부자

입니다."라고 자신의 입으로 말하지 않아도 남들이 다 알아준다. 그저 설익은 풋것들이 날뛸 뿐이다. 가졌다고 가진 체 말고, 안다고 아는 체 말며, 약하면서 강한 체 말자. 마치 4중주나 4중창처럼 조금은 자신을 낮추며 살자. 그리하면 조화로운 세상이 될 것이기에.

차격車格과 인격

나와 차車와의 인연은 가히 악연이라 말할 수 있다. 고등학교를 졸업하고 대학입시에 실패하여 집에서 1년 동안을 재수하는 동안 머릿속은 찌그러진 깡통이며 깨어진 옹기조각, 버려진 생선토막 등으로 가득 찬 쓰레기통처럼 어수선하고 정리되지 않은 상태였다. 제대로 공부가 될 리도 없고 그 당시 대학입시에 성공한 친구들과 실패한 친구들 사이에는 눈에 보이지는 않는 분명한 선이 그어져 있었다. 그로 인한 심적 고통이 컸었다. 아마 담배를 입에 대기 시작한 때가 그때쯤이었으나 근 반세기가 지난 지금까지도 이어져오고 있다. 만사가 귀찮은 나는 운전이나 배워볼까 하는 생각에 어머님께 말씀드렸다가 '너처럼 성질이 급한 사람이 운전을 배웠다간 그렇지 않아도 어려운 집안 말아먹을 일 있느냐.'는 핀잔만 듣고 말았다. 그 뒤로 자동차 운전은 까마득히 잊고 살았다.

그런데 원수는 외나무다리에서 만난다 했던가. 졸업하고 취직하여 해외로 발령을 받고 현지에 도착해 보니 직원들에게 우선 지급되는 것은 당시 국내에서도 한창 인기있었던 포니 픽업(Pony Pick-Up)이었다. 운전은 선택이 아닌 필수였으나 생전 운전대 한 번 잡아보지 못한 나에게는 실로 난감한 일이었다. 하지만 뜻이 있는 곳에 길이 있다 했다. 먼저 도착한 선배들에게 가장 기초적인 설명을 듣고 30분 만에 시동을 걸고 그 차에 내 목숨을 싣고 다녔다. 이렇게 하여 나는 차와의 인연을 맺게 되었다.

1980년대 초, 이 나라는 부동산 투기 붐으로 열병을 앓고 있었으며 젊은이들은 열심히 일한 땀의 대가보다는 한탕주의에 빠져 있었다. 실속보다는 편하고 멋지고 폼 나게 살아보겠다고 무리를 해서라도 자가용을 구입하여 인격보다는 차격車格이 우선 시 되던 때가 있었다.

고지식하고 이재利財에도 밝지 못한 나는 집도 마련해야 하고 결혼도 해야 하고 자가용도 구입해야 했기에 능력에 한계를 느껴 대사大事에 순서를 정할 수밖에 없었다.

첫째 집을 장만하고, 둘째 결혼을 하고, 셋째 자가용을 구입하기로 순서를 정했다. 다행히 총각시절에 외국생활을 오랫동안 한 탓에 결혼 전에 전주 시내에 조그마한 아파트를 구입했다. 결혼은 외상으로 했고 자가용 구입은 늦어질 수밖에 없었다. 30대 후반, 아들이 초등학교에 입학하고 나서야 자가용을 구입하였으니 아들이 제일 부러워했던 것이 자가용을 가진 사람이었단다. 그때 구입했던 자가용은 국민차라 불렀던 1600cc급 엑셀(ExceLL) 자동차였다.

늦게 얻은 자식이 더 귀엽다고 남들보다 한참이나 늦게 마련한 자가용이지만 이제는 나도 마이카족이 되었다는 뿌듯함에 잠시나마 온몸에 전율이 흘렀으니 아들놈 기쁨이야 오죽했겠는가. 매일 쓸고 닦고 하다 보니 곁에서 지켜보던 아내가 당신 차는 낡아서 못쓰게 될 것이 아니고 너무나 닦아서 닳아서 못쓰게 될 거라고 놀려댔다. 어찌되었건 나의 자가용시대는 이처럼 많은 사연과 우여곡절 끝에 시작되었다. 주말이 되면 아내와 아들과 함께 유명사찰이며 명승고적지를 찾아 전국을 유람하며 아름다운 추억거리를 만들었다.

하지만 아무리 신나는 일도 신물이 나는 법, 아들이 중학교에 입학하면서 우리의 가족여행도 끝이 나고 말았다. 아들놈 머리가 굵어졌다고 엄마 아빠와 함께하려 하지 않았기 때문이었다.

30대 후반에 엑셀로 시작된 나의 자가용은 40대에는 한 단계 업그레이드된 아반테로 변신하였고 50대에는 소나타로 또 한 등급 올라섰다. 50대에 소나타를 구입하게 된 동기는 서울 중앙부처에서 회사 손님들이 내려오는데 낡은 나의 아반테를 의전차량으로 사용하기에는 너무나 초라한 것 같아 친구에게 하루만 차를 바꾸어 타자고 전화하는 소리를 듣고 자존심이 상한 아내가 사준 차다. 이만하면 가끔씩은 죽는 소리를 할 만도 하다.

작년 말쯤 자그마한 일자리를 구해 출근을 하는데 차량 고장이 잦고 수리비도 적잖아 부득이 차를 바꿀 수밖에 없었다. 사람이 분수에 맞게 살아야 하는 법, 요번에도 소형차를 구입하려는 나에게 아내가 옆에서 거든다. 당신 나이도 있고 이번에 차를 바꾸게 되면 당신 생애에 마지막 차가 될지도 모르니 조금 큰 것으로 장만하란다. 그래서 60대에 좀 무리를 해서 구입한 차량은 그랜저다. 비록 아내가 허락하여 구입한 차량이지만 아내에게 미안해서 "여보, 미안하오. 내가 괜히 큰 차를 산 것 같소." 했더니 아내는, "당신은 그동안 열심히 일했으니 그 차를 탈 자격이 있는 사람이에요."라고 말한다. 참 고맙다.

사람에게 인격人格이 있듯이 굳이 붙인다면 차에게도 차격車格이 있을 법하다. 내가 30대를 거쳐 40대, 50대, 60대로 수직이동하면서 자가용은 엑셀에서 아반테로, 아반테에서 구형 소나타로, 구형 소나타에서 신형 소나타로, 신형 소나타에서 그랜저로 차격은 수직상승하였지만 내 인격도 이와 비례하여 상승하였는지 뒤돌아보게 된다. 가끔은 차격과 인격이 전혀 맞지 않는 사람들을 볼 때마다 안타깝고 눈살이 찌뿌려진다. 차격이 아닌 인격으로 인정받는 사람이 되고 싶다.

무제

어젯밤 늦게부터 오락가락하던 빗방울이 오늘 아침까지 이어진다. 봄비가 원래 그럴 거라는 걸 잘 알면서도 전국이 봄 가뭄으로 바짝 메말라 있다. 저수지의 담수률도 최악의 상태라니 이왕 오는 비라면 흡족하게 내려주었으면 했으나 겨우 지나가는 행인들 옷만 적실 정도다.

하지만 이것이라도 새싹들에게는 젖줄과도 같았으리라. 행여나 그칠까 하고 자주 창문을 열고 하늘을 쳐다보는 나에게 곁에 있던 아내가 짜증 섞인 말투로 “오늘은 비가 와서 땅이 미끄러울 터이니 산에 가지 말고 집에서 글이나 좀 쓰시오. 요즈음 당신 글 쓰는 것을 못 보았소. 괜히 산에 갔다 넘어져 손 발 부러지지 말고.” 하고 일갈한다. 이에 질세라 며칠 전 아내가 넘어져 크게 다친 사고를 떠올리면서

"내가 누구와 같은 줄 알아, 이 사람아." 하고 확 염장을 지른다.

정오가 지나서야 비는 멎었지만 하늘은 역시 편치 못한 내 속마음만큼이나 흐리다. 이만 하면 앞산 정도야 오를 수 있겠다 싶어 주섬주섬 등산복으로 갈아 입고 집을 나섰다. 아침에 아내가 한 말이 영 켕기지만, 어린 시절에는 부모님 말씀 안 듣고, 학창시절에는 선생님 말씀 안 듣고, 성당에 가서는 신부님 말씀 안 듣고, 결혼해서는 아내 말 안 들어 오늘날 요 신세가 되었지만 아내의 잔소리 한마디에 의지가 꺾일 내가 아니라고 자위하며 집을 나섰다. 지난 해 말까지도 사무실에 출근했던 내가 "저 사람도 이제는 삼식이가 되었구나." 하고 주위사람들이 흉이라도 볼까 봐 모자를 깊게 눌러쓰고 날이 흐린데도 진한 선글라스를 끼고 아파트 단지 지름길을 외면하고 가장자리를 따라 급하게 아파트를 벗어났다.

아파트 앞쪽에 철길이 있고 철길 넘어 10분 정도를 걷다 보면 마재산이 있다. 나는 이 산을 무척이나 좋아한다. 그리 높지도 않고, 너무 가파르지도 않으며, 숨이 차도록 한 고비를 오르다 보면 평탄한 길이 나온다. 이것을 여섯 차례 거듭하다 보면 314m 마재봉 정상에 오른다. 마치 내 인생살이와 비슷한 느낌이 들어 친근감이 가는 산이다.

어차피 내친 발걸음이니 정이나 미끄러우면 평지나 걷다 들어가지 생각하고 산 입구에 들어서니 그런대로 오를 만하기에 조심조심 등산을 시작했다. 입구에 들어서면 그럴싸한 묘들이 먼저 반겨준다. 상석들도 있고 분묘 가장자리를 돌로 둘러친 것으로 보아 후손들도 그런대로 사는 모양이다. 찾아오는 발길 드무니 무심코 지나치는 등산객마저도 반가운가 보다. 숨이 차오르는가 싶을 즈음 노파 한 분이 머리에 수건을 두르고 무덤가에서 쑥을 캐시는지 열심히 호미질을 하고 있다.

산에는 이미 개나리, 진달래, 벚꽃이 지고 있다. 꽃잎에 맺힌 빗방울이 힘겨운가 보다.

봄에 피는 꽃들은 유난히 아름답다. 지난해 늦가을 단풍을 구경하고 몇 개월 만에 보는 야생화라 더 아름답게 보일지도 모른다. 노란 개나리는 귀엽고 밝아서 좋고, 연분홍 진달래는 수줍은 듯 예쁘고, 하얀 벚꽃은 화사해서 예쁘다. 노란 개나리는 마치 볼이 통통하고 고사리손을 한 갓난 여자아이 같고, 진달래는 풋풋한 여학생 같고, 벚꽃은 곱게 단장한 성숙한 여인네 같아 좋다. 그중에서 나는 벚꽃을 제일 좋아한다.

쉬엄쉬엄 발길을 옮기다 보니 첫 번째 언덕에 올랐다. 지금부터는 편편한 길을 걸으면서 차오른 숨을 고르다 보면 다시 두 번째 오르막에 당도한다. 한 걸음 한 걸음 발길을 옮길 적마다 숫자를 세면서 걷는다. 나는 산을 오를 때면 위를 쳐다보지 않는다. 위를 쳐다보면 지레 질려 더욱 힘이 들기 때문이다. 두 번째 언덕에 다다랐다. 이곳에도 어김없이 몇 개의 묘가 있다. 하지만 입구에 있던 묘보다는 숫자도 적고 초라하다. 다음에는 가장 힘이 든다는 세 번째 오르막이다. 어림잡아 500보 정도를 옮겨야 한다. 이때쯤이면 숨은 턱에 걸려 있고 온몸은 천근같다.

지금부터는 자신과의 싸움이다. 중간에 포기하고도 싶다. 사람들이 밟고 지나가 흙은 없어지고 땅 위로 드러난 소나무 뿌리는, 윤기 없이 비쩍 마른 촌로의 손등에 울퉁불퉁 불거진 힘줄같이 볼성 사납지만 그것마저도 힘들어 하는 낮모를 등산객에게 발 디딤판으로 내어준다. 얼마나 고마운 일인가.

이 힘든 길을 내 인생에 비한다면 언제쯤이었을까. 20대 후반, 해외생활을 하던 때였을까. 30대, 어린 동생들을 건사하던 때였을까. 40대 후반, IMF로 모든 것을 잃었을 때였을까. 60대 초반, 퇴직하던 때였을까. 아니면 60대 중반, 육신은 멀쩡한데 할 일이 없어 빈둥대는 지금일까. 어느 때였든 내 인생에 순탄한 길은 없었다.

어느덧 세 번째 고개에 올랐다. 여기에는 더욱 더 초라한, 얼핏 스치다 보면 알아볼 수조차 없는 죽은 자의 집이 있다. 집이 산 자를 위한 것이라면, 묘는 죽은 자를 위한 집이다.

산 자의 집을 보면 그 집안의 형편을 가늠할 수 있듯이, 죽은 자의 집을 보면 그 후손의 형편을 대충은 짐작할 것 같다. 죽은 자의 집이 저처럼 허물어진 것은 후손을 잇지 못했거나, 후손이 있어도 찾지 않았음을 짐작할 수 있다. 어찌되었거나 죽은 자는 말이 없다.

이런저런 생각을 하며 걷다 보니 네 번째 고개, 다섯 번째 고개, 드디어 314m 정상이다.

장갑도, 모자도 벗어버리고 배낭도 풀어 젖힌다. 심호흡하며 산속의 맑은 공기를 폐 속 깊이 빨아들인다. 처음으로 눈을 들어 먼 산을 바라보며 내가 살아 있음을 스스로 확인한다.

그리고 단정한 자세로 앉아 두 손 모아 하늘을 향해 기도한다. '하느님! 오늘도 이곳에 오를 수 있는 건강을 주셨음에 감사하나이다. 앞으로도 당신의 충실한 종으로 살겠습니다. 저의 건강을 지켜주시고 저희 가정도 보살펴주소서.'

빗방울이 하나씩 떨어지기 시작한다. 하산을 서둘러야겠다. 산이란 모름지기 오를 때보다 내려갈 때 더더욱 조심을 해야 한다. 특히 길이 미끄러울 때는 더욱 위험하다. 집에 있으라고 경고했던 아내가 번뜩 생각난다. 한 걸음 한 걸음 뗄 때마다 지팡이에 잔뜩 힘을 실어 땅을 짚으며 내려온다. 이 지팡이가 내 등산길에 나를 지켜준 수호자였다면, 내 인생의 지팡이는 과연 무엇이었을까? 그것은 분명 부모요 형제요 가족과 친구며 이웃이었을 것이다. 돌이켜보면 이 소중한 이들의 고마움을 잊고 살았다. 바쁘다는 핑계 하나로.

다행히 사고 없이 무사히 첫 번째 고개까지 내려왔다. 그런데 내가 올라갈 때 만났던 노파 분을 다시 만났다. 나는 할머니와 인사를 나누고 "할머니, 이곳에서 무얼 하세요?" 하고 물으니 70대 중반쯤으로 보이는 할머니는 "봄철이 되었으니 부모님 산소를 손질하고 있어."하시면서 '아버님 생전에 딸들은 필요 없다고 공부도 안 시키고 재산도 아들에게만 물려주셨는데 아들들은 부모님 산소에 코빼기도 안 보인다.' 고 묻지도 않은 말까지 덧붙이신다. 괜한 투정의 말이지만 싫지 않은 눈치다. 그래도 부모님 찾아뵌다고 연지도 곱게 바르고 올라오셨다.

오늘 비가 온다고, 바람이 분다고, 힘들 거라고, 아내가 가지 말라고 했다고 등산을 하지 않았다면, 내일 아무리 날씨가 좋다 한들 어떤 핑계를 대서라도 힘든 등산을 하지 않을 것이다. 내가 등산을 하는 이유는 건강을 지키기 위함도 있지만, 지금까지 힘든 세상을 살아오면서 자신을 위하고 가족을 위하여 자신을 담금질하며 살아온 것처럼 남은 인생도 지금처럼 살기 위한 인내와 끈기를 기르기 위함이다. 오늘 등산하길 잘했다.

28등

28등은 지금으로부터 50여 년 전쯤 초등학교를 졸업할 당시 우리 반에서 나의 최종 등수이다. 한 반에서 28등이라면 굳이 등수에 대한 개념을 둘 필요가 없다 하겠다. 28등, 전국에서의 28등도 아니고, 우리 학교 전체에서 28등도 아니었다. 수천, 수만 명이 참가하는 서울국제마라톤 경기에서 28등이라면 그래도 괜찮은 성적이라 평가해 주겠으나 우리 반에서 28등이었으니 창피한 일이었다. 당시 어린 나에게도 너무나 충격적인 사건이었기에 반세기가 지난 오늘에도 마치 어제의 일처럼 뇌리에 생생하다. 당시 그 충격적인 소식을 듣고도 지금까지 내가 살아있음이 실로 더 충격적인 역사적 실화다.

내가 다녔던 초등학교는 지금은 '익산'이라 칭하지만 그때는 이리라고 불렸던, 김제평야의 북쪽 끝자락에 위치한 조그만 농촌 소도시에 있었다. 이리역은 전라선과 호남선 그리고 군산선이 갈라지는 교통의 요충지였다. 학교명은 옛날에 구리가 많이 채굴 되어서인지는 모르지만 구리 동銅, 뫼 산山 자를 쓴 동산銅山초등학교였다. 교사는 목조 일층 건물이었고 울타리는 측백나무로 기억된다. 학교 담장 너머에는 6 · 25 사변이 끝나고 피난민들의 임시 거처였던 '해방촌'이 있었고, 그 위쪽에는 이와는 대조되는 번듯한 '신사당'이 있었다. 모든 것이 부족하고 열악했지만 무엇이 무엇인지를 분간 못하고 살았으니 돌이켜보면 살아왔음이 기적 같다. 다시는 돌아가고 싶지 않은 고향, 그러나 우리 형제들은 모두 이 학교를 졸업했고 지금은 각자의 위치에서 건강하게 살아가고 있다.

아무리 그렇다 해도 28등은 너무했다 싶다. 만약에 내 자식이 28등을 했다면 아마 나는 입에 거품을 물고 학교를 당장 때려치우라든가 아니면 아내에게 그동안 자식공부를 어떻게 시켰느냐는 등 집안이 난리가 났을 것이다. 또한 지인知人의 자식이 28등을 했다면 그의 부모를 조용히 불러 '당신 자식이 28등을 했다니, 내 생각에 당신 자식은 공부로 먹고 살기는 힘들 것 같으니 괜한 고생하지 말고 차라리 기술을 가르치던가 아니면 다른 길을 찾아봐라.'라고 말했을 것 같다.

지금이야 세상이 좋아져 초등학교도 한 학급당 학생수가 30명 정도 안팎이지만 나의 초등학교 시절만 해도 한 학급당 학생 수가 67, 8명 정도였다. 우리 반의 절반 정도가 정규 수업이 끝난 다음 2, 3시간 정도의 과외수업을 받았다. 그 당시에도 부모님들의 자식 교육열은 지금이나 별반 다름이 없었나 보다. 자식에게 과외를 시키는 것은 남의 자식보다는 조금이라도 더 잘되게끔, 자신보다는 잘 키워보겠다는 부모님들의 욕심이고 보면 탓할 일은 아닌 성싶다. 그 시절에도 드물게 집안에 가정교사를 두고 자식교육을 시킨 집도 있었다. 얼마나 부러웠는지 모른다. 하지만 공부란 예나 지금이나 본인이 하는 것이지 부모가 대신해 주는 것은 아니다. 정규수업을 받는 것도 지겨운데 과외는 거저 시켜준다 해도 싫었다. 과외를 안 해도 충분이 학업진도를 따라 가는데 굳이 과외수업이 필요치도 않았다. 과외수업을 받는 친구들이 하는 공부는 별다른 것이 아니고 다음 날 치를 시험문제지로 미리 시험을 보고 채점하고 선생님의 해설을 듣는 것이 고작이었다. 과외수업을 받는 친구들이 받지 않는 친구들보다 딱 하루를 앞서간 것이었다. 하지만 과외를 받은 자와 받지 않은 자의 차이는 상상을 초월하는 결과를 낳았다.

다음날은 우리 반 전체 학생들이 어제 과외를 받는 친구들이 보았던 것과 똑같은 문제지로 시험을 보고 채점하고 그 점수로 등수를 매겼으니 과외를 받지 않는 친구들은 엄청난 불이익을 당했다. 아무리 아둔한 친구라 해도 어제 본 시험문제를 잊을까? 이는 마치 권투경기에서 한 사람은 자유롭게, 상대선수는 손발을 묶어놓은 것과 같은 불공정한 처사였다. 오늘날에는 상상도 못할 일이지만 그 당시에는 그런 일도 가능했다. 오늘날 같으면 시험지 사전 유출사건 정도로 세상이 시끄러울 판이다. 이런 상황에서 28등이라면 잘한 것인지 못한 것인지 판단도 안 된다.

50년 전 시골 초등학교 졸업등수가 일등이면 어떻고 꼴등이면 어떠할까만 문제는 중학교 입학원서를 쓰면서 수면 위로 부상했다. 조그만 책상 하나에 형제들은 여럿이니 나는 책상은 고사하고 밥상도 차지 못 하고 배를 방바닥에 깔고 공부했다. 그런 자식이 안쓰럽게 보였는지 불편한 모양새로 공부하는 나에게 어머님은 공부 그만하라고 말씀하시곤 했다. 하지만 그런 자세도 이력이 들다보니 오히려 편했다. 바람만 세게 불어도 날아갈 것 같은 꼬부랑 할머니가 뙤약볕 밑에서 수건 하나 머리에 두르고 온 종일 밭을 매다 기진하여 죽을 것 같아 보이지만 이력이 들었기에 가능하다. 마치 그와 같았다.

나는 시내에 있는 명문 N중학교에 지원하기를 원했으나 28등의 실력으로는 어림도 없다는 담임선생님의 완고한 반대에 부딪쳐 결국 시골의 W중학교에 입학하고 말았다. 내가 얼마나 열심히 공부하고 꿈을 키웠는데 힘 한 번 제대로 써보지도 못하고 어린 나이에 마음에 상처만 남겼다. 지금도 그때를 생각하면 어이가 없고 분통이 터진다. 우리 부모님들은 내 자식이 원하는 학교에 못 가도 좋으니 아들 뜻대로 해주라는 말 한마디를 왜 못 하셨을까. 어린 제자에게서 선택의 기회마저 앗아간 스승이 미웠다. 오직 과외수업을 받지 않은 것에 대한 보복 조치였다고 기억하고 있다. 과외수업 수당은 온전히 담임선생님의 몫이다. 때문에 과외를 하지 않은 학생들이 얼마나 미웠을까.

시골중학교에 가서라도 공부만 열심히 하면 될 것이지 웬 선생님

탓만 하느냐고 하겠지만 학업 분위기라는 것이 있지 않은가. 맹모삼천지교는 먼 나라 중국 땅에서만 적용되는 것이 아니고 우리 땅에서도 들어맞는 교훈이다. 역사에는 '만약에'라는 가설은 없다지만 당시 내가 원하는 학교에 지원하고 입학하여 우수한 학생들과 더욱 열심히 공부했다면 얼마나 좋았을까 하는 아쉬움이 남는다.

오늘 스승의 날을 맞이하여 스승님의 은혜에 깊이 고개 숙여 감사도 드리지만 스승의 길이 얼마나 험하고 그 임무 역시 얼마나 막중한지 그리고 제자들의 앞날을 위해 걱정하며 정의를 가르치기 위해 고민하는 하루가 되었으면 한다.

최후의 세 시간

어제는 조문을 다녀왔다. 예전의 조문이라면 가깝든 멀든 대부분이 집안 친인척이었거나 아니면 친한 친구의 부모님들이었다. 때문에 돌아가신 분이 누구인지를 잘 알았고 그 집안 사정 역시 훤히 꿰고 있었다. 우리 부모님 세대만 해도 친인척들이 거의 한 마을에 살았기에 부고장을 전달할 때에도 그리 큰 어려움이 없었고 기껏해야 산 하나 넘고 물 하나 건너면 되었다.

하지만 지금은 그 알량한 체면 때문에 사돈에 팔촌까지 조문을 다녀야 하니 시간적으로나 금전적으로 상당한 부담도 가지만 어떤 경우에는 고인이 누구인지도 모르고 조문을 다녀오기도 한다. 그도 그럴 것이 조문이란 살아있는 사람을 보러가는 것이지 죽은 사람을 보러가는 것은 아니기 때문이다. 그래서 옛말에도 '정승집 개가 죽으면

밥을 먹다가도 가지만 정작 정승이 죽으면 먹던 밥 다 먹고 간다.'는 말이 있다.

장례문화 역시 엄청나게 변했다. 옛날에야 부고를 접하면 양반이고, 평민이고를 떠나 상가가 멀든 가깝든 정갈한 옷차림으로 상가를 찾아 망자와 상주에게 예를 표하고 애도하는 마음으로 함께 곡하며 하룻밤이고 이틀 밤이고 상주와 함께하며 상가의 일을 돌봐주었다. 상주는 마치 자신은 커다란 불효를 저지른 죄인처럼 추우나 더우나 거친 삼베 상복을 입고 조문객을 맞이할 때마다 '아이고 아이고' 곡을 했다.

조의금 역시 상부상조의 정신으로 각자의 형편에 따라 성의를 표시했고 그것마저도 여의치 못한 사람은 노동력을 제공함으로써 조의금을 대신했다. 이 얼마나 아름다운 모습이었던가. 장례가 모두 끝나면 상주는 찾아준 분들의 명부를 작성해 보관하고 반대로 자신이 다른 집의 부고를 접했을 때에는 그에 상응한 조의를 표했다. 그런데 여기에서 한 가지 서운한 점은 치부책에는 찾아준 사람과 조의금의 액수는 기록되었으나, 노동력을 제공한 사람과 노동시간이 누락되었다는 사실이다. 몇 푼의 조의금보다는 함께 애써준 사람의 고생이 더 고마웠을 터인데도…….

요즘에는 장례식장이나 장례문화원에서는 곡소리를 들을 수가 없다. 부모님들이 너무 오래 사셔서 굳이 서운할 게 없어서인지 아니면 남겨줄 유산 하나 없이 자식들 고생만 시키고 늦게 가신 것이 못내

야속해서인지는 모르겠다. 하기야 우리네 부모님 때만 해도 60대 중후반이면 호상이라 했는데 요즘은 90은 넘어야 호상이라 하니 한 세대 동안 인간의 수명이 근 20년 이상은 길어진 것 같으니 부모를 부양하는 자식들의 고충도 이해는 할 만하다. 요즘도 가끔씩 친구 부모님들의 부고를 접할 때마다 친구의 어려움을 가늠하곤 한다.

어제 조문을 다녀온 어르신은 손아래 처남의 장인이셨다. 굳이 조문을 가지 않아도 크게 결례가 되지는 않으련만, 평소에도 집안일이라면 좋은 일, 궂은 일 가리지 않고 애쓰는 처남의 체면을 살려주려고 다녀왔다. 장례식장에 도착하면 으레 전광판에 비치는 고인의 신상이나 가족관계를 먼저 살핀다. 그래야만 대충이라도 그 집안의 사정을 알 수 있기 때문이다. 고인은 83세시고 3남 4녀를 두셨다. 이 정도의 정보만을 가지고 다른 처남들과 함께 장례식장에 들어섰다. 이름도 얼굴도 모르는 고인에게 편히 잠드시라고 예를 갖추고 상주들에게 짤막한 위로의 말을 전하고 분향소를 나왔다.

접대실에는 이미 많은 조문객으로 꽉 차 있었다. 우리도 적당한 곳에 자리를 잡고 고인의 살아생전의 삶에 대한 이야기를 나누었다. 나는 고인을 오늘 영정사진으로 처음 대하니 고인이 어떤 분인지 알 수는 없지만 주위사람들의 이야기는 칭찬일색이었다. 물론 조문을 와 고인의 영정 앞에서 고인을 헐뜯는 사람이 어디 있을까만 들어보니 나 같은 범부는 아닌듯했다. 산골 출신으로 별반 넉넉지는 않았으나 자식 일곱을 모두 대학까지 졸업시키고 건강하고 예의 바르게 교육시키셨단다. 하지만 그것만으로는 그리 칭찬받을 일은 아니지 않는가 하는 생각을 하며 집으로 돌아왔다.

일을 마치고 밤늦게야 돌아온 아내와 맥주 한 잔씩을 앞에 두고 마주 앉았다. 나는 아니 가도 될 처남의 장인어른 조문 다녀온 것을 자랑 삼아 말을 꺼냈다. 그랬더니 잘했다는 말은 없고 뜬금없이 '이야기'를 들었냐고 반문한다. 앞뒤 사정을 모르는 나는 무슨 말이냐고 다시 되물었더니, 아내는 나에게 전후 사정을 다음과 같이 말해주었다.

오늘 조문을 다녀온 어르신이 '최후 세 시간' 전쯤에 큰아들에게 돈 백만 원을 찾아오라 하시기에 가져다 드렸더니 한 달 동안 자신을 돌봐준 막내딸에게 주시며 큰돈은 아니지만 그동안 수고한 대가이니 받으라고 하시더란다. 또 다시 오만 원을 가져오라 하시기에 드렸더니 일만 원을 수고한 남자 간호원에게 주시며 그간 수고하셨으니 막걸리라도 한 잔 사드시라며 드렸단다. 나머지 사만 원은 여자 간호원 네 명에게 골고루 나누어 주시며 저녁이라도 한 끼 사드시라고 주시고 가셨단다. 이 얼마나 감동적이고 아름다운 이별인가. 이런 조문이라면 열 번이라도 좋다.

이 말은 듣는 순간 갑자기 가슴속에서 뭉클한 것이 올라와 창피하게도 아내 앞에서 왈칵 눈물을 쏟고 말았다. 아니 요즘 같은 세상에도 이 같은 성자聖子가 살아 있었다니! 이 땅 위에, 이 같은 성자가 과연 몇 분이나 살아계실까. 지천으로 계신들 내가 알아보지 못하고 스승으로 모시지 못한다면 무슨 소용이 있으리오. 내가 성자를 알아보지 못함은 나에게 성안聖眼이 없음이며, 성안이 없음은 성심聖心이 부족한 탓이며, 성심이 없음은 내 생활이 바르지 못함에 기인하니 모두가 다 내 탓이로다. 성자조차 알아보지 못하는 내가 어찌 성자가 되기를 언감생심 바라겠는가. 그래서 세상살이가 힘든가 보다.

바뀌어야 산다

이 지구상에는 대략 5만 개 정도의 직업이 있단다. 수백 미터 바다 속에서 일하는 사람, 수백 킬로미터 상공에서 일하는 사람, 수백 수천 미터 탄광 막장에서 일하는 사람, 수천 미터 산에서 등산객들의 짐을 날라 주는 셰르파 등 직업이 다양하다. 그러나 이 많은 직업군들이 모두 독립적으로 존재하는 것처럼 보이나 실은 서로 끈끈한 유기적 관계를 지니고 있어 한쪽에서 문제가 발생하면 사회는 원활히 돌아가지를 못한다.

그 많은 직업 중에 주유원이란 직업도 있다. 주유원이란 주유소에서 차량에 주유를 해주는 일을 하는 사람이다. 이것은 눈에 보이는 주된 업무이고 부수적인 일들이 적지 않다. 주유원이란 직업은 사람을 많이 상대하는 서비스 업종이므로 항상 깨끗하고 단정한 복장과

웃는 얼굴, 친절한 태도가 기본이다. 부수적인 업무는 주변 청소다. 눈이 오면 눈을 치우고, 낙엽이 쌓이면 낙엽을 치워야 한다. 비가 오면 물이 고여 있는지 확인하고 있다면 치워야 한다. 손님이 오면 웃는 얼굴로 친절하게 인사하고 정확한 발음으로 무엇을, 얼마만큼을 원하는지 물어봐야 한다. 아주 드문 일이지만 휘발유 차량에 디젤을, 디젤 차량에 휘발유를 주입한 경우도 있었단다.

주입기를 삽입할 때에도 차량에 부딪치지 않도록 조심해야 한다. 주유가 끝나면 계산을 하고 차량이 출발할 때에는 운전석 쪽에 서서 안녕히 가시라고 인사를 한다. 그들의 고충 역시 타 직종과 별 다름이 없다. 더우면 더운 대로 추우면 추운 대로 고생이고, 눈이 내리면 내리는 대로, 비가 오면 오는 대로 고생이나 그에 따른 보수는 최저임금 수준이다. 따라서 주유 업은 3D 업종에 속하므로 아르바이트 학생이나 나이 들어 오갈 데 없는 노인들만 종사한다. 그나마 요즘은 셀프주유소가 많이 생겨 그 일자리마저도 줄고 있다.

17, 8년 전, IMF라는 한파가 이 땅을 할퀴고 지나가면서 국민들에게 엄청난 고통을 뿌리고 갔지만 한편으로는 우리의 잘못된 고정관념 하나를 쓸어갔다.

IMF 이후 많은 사람들이 실직을 당하고 경제적인 직격탄을 맞자 수천 년 동안 이어져온 '직업에는 귀천이 있다.'라는 관념에서 '직업에는 귀천이 없다.'로 일대 정신적인 개혁이 이루어졌다. 그 한 대표적인 예가 미화원 모집에 학사, 석사, 박사까지 지원하고 그 경쟁 역시 치열했다. 취업난의 일면을 극명하게 보여주는 현실이지만 미화원의 모집에 박사 출신까지 지원했다는 것은 분명 개인이나 국가의 막대한 손실이라 생각한다. 미화원이 되기 위하여 박사가 되지는 않았겠지만 무턱대고 학위를 따 보자는 식의 교육의 허점을 여실히 보여주고 있어 슬프다.

20대 후반, 회사의 배려로 일주일 동안 유럽 선진국을 다녀올 기회가 있었다. 회사의 입장에서는 직원들의 사기를 진작시키고 직원들의 눈을 트여 줌으로써 그 열린 눈으로 일을 한다면 분명 회사에 득이 될 것이라는 상업적인 계산도 깔려 있었는지 모른다. 이유야 어찌됐든 나는 유럽에 갔다. 관광을 마치고 스위스에서 밤늦게 택시를 탔다.

머리가 허연 기사님이 친절하게 나를 맞아주셨다. 목적지까지 가는 동안 이런저런 이야기를 나누었는데 35년이 지난 지금 다른 이야기는 모두 잊었지만 한 가지만은 기억하고 있다. "기사님! 연세도 지긋하신 것 같은데 이제 그만 쉬시지 이토록 일을 하십니까?" 하고 물으니 "나같이 나이 든 사람은 이런 단순노동을 하고 젊은 사람들은 신기술 쪽의 일을 해야지요."라고 했다. 이 한마디를 듣고 이역만리 타국의 밤거리에서 나는 감격했다. '역시 잘사는 나라 사람들은 다르구나! 잘 사는 데는 분명 그 나름대로의 이유가 있었구나.' 이 깨달음보다 이 여행에서 얻을 소득이 또 무엇이 있었을까?

드디어 올 것이 왔나 보다. 아내는 언제부터인가 오른쪽 팔이 아프다 하면서도 대수롭지 않게 생각하고 동네병원에 다니면서 치료했으나 별 차도가 없었다. 나 역시 별다른 관심을 갖지 않았다. 어제는 대학병원에 다녀왔다. 직업병이란다. 최고의 치료방법은 팔을 사용하지 않아야 한단다. 하지만 혼자서 식당을 운영하는 사람이 어찌 팔을 사용하지 않을 수 있단 말인가? 갑자기 마음이 무겁다. 하지만 자신의 몸은 돌보지 않고 일을 멈추지 않는 아내의 프로정신이 무섭다.

전화벨이 울린다. 아내다. 농협에 갔는데 주유소를 운영하는 동네 후배를 만났단다. 후배가 하는 말이 형님이 주유원 일을 할 수 있을는지 모르겠다며 나의 자존심을 생각해 주어서인지 아주 조심스럽게 내 의향을 묻더란다. 나는 바로 후배에게 전화를 했다. 주유원 자리라도 알아봐 달라고 부탁했다. 그깟 것을 못하겠는가. 남을 속여 먹고 남의 것을 훔쳐 먹는 것을 빼고는 다 할 수 있다고. 무엇보다 아내에게 미안해서다. 정이나 힘들면 중간에 포기할지언정 의지만이라도 보여주고 싶다. 주유원이 어때서. 젊었을 때의 모습은 잊은 지 오래다. 비록 궂은일을 하지만 떳떳하게 일하는 남편의 모습을 보여주고, '역시 우리 남편이 최고야.' 하는 긍지를 미안하고 사랑하는 아내에게 심어주고 싶다.

또 한 번의 이별

아무리 세월이 흘러도 잊히지 않는 가슴 아픈 추억들이 많다. 마치 냉장고 안에 오랫동안 깊숙이 보관해 두었던 막걸리 병을 꺼내어 보면 윗부분은 맑고 투명해 보이지만 이것을 뒤집어 흔들어보면 밑에 얌전히 침전되었던 찌꺼기들이 탁하게 온 병을 흐려 놓듯이, 그 많은 추억들이 저 밑에 조용히 가라앉아 있다가 때가 되면 하나씩 하나씩 내 가슴을 후벼 놓는다.

어린 시절, 주일날이면 다른 아이들은 모두 따뜻한 이불 속에서 단잠에 빠져있을 이른 새벽에 아버님의 불호령이 무서워 비몽사몽간에 주섬주섬 옷을 주워 입고 무려 십 리가 넘는 눈길을 쌓인 눈보다 낮은 검정고무신을 신고 성당에 갔던 기억.

내가 초등학교 3학년 때 5·16군사혁명이 일어나 아버님이 실직을 당하시고 생계가 막막해지자 이대로는 안 되겠다 결심하신 어머님께서는 우리만 고향에 남겨두고 전주로 나가셨다. 한창 어머니의 사랑을 받고 자라야 할 어린 나이에 외로움을 벗삼아야 했다.

시골에서 고등학교를 졸업하자마자 서울에 가서 공부하겠다고 올라간 친구 두 명이 올라간 그날 밤에 연탄가스에 중독되어 운명을 달리하고 말았다. 피 한 방울 섞이지 않았지만 형제들보다도 친하고 서로 의지하며 한시라도 떨어져있으면 죽을 것 같았던 친구들이었다. 어느 추운 겨울 밤, 이불 속에서 친구가 "대관아! 비록 우리가 태어난 시간은 다르지만 죽는 시간은 같게 하자."라고 한 말이 지금도 가끔씩 생각난다. 하지만 나는 용기가 없어 친구와의 이 약속을 결행하지 못했다. 이 또한 슬픈 추억으로 평생 나를 괴롭히고 있다. 20세 이전에 사별의 아픔을 겪었으니 남들보다 일러도 한참은 이른 것 같다.

또한 사회적으로나 경제적으로 채 자립도 못한 20세 중반에 아버님을 여의고, 20대 후반에 어머님마저 이 세상을 뜨셨으니 나에게는 엄청난 충격이었다.

세상을 살다 보면 이런 일 저런 일, 크고 작고, 기쁘고 슬프고, 신나고 짜증나고 하는 일들이 꼬리를 물고 일어난다. 기쁘고 신나는 일보다는 슬프고 짜증나고 포기해 버리고 싶을 때가 더욱 많겠지만 사람마다 이것을 받아들이고 소화시키는 데에는 상당한 차이를 보인다. 어떤 이는 이 고난에 당당히 맞서 이 순간을 이겨내는 사람이 있는가 하면 어떤 이는 너무나 쉽게 포기하고 주저 앉아버린다. 그리고는 부모님을 원망하고 이웃을 미워하고 사회를 저주하며 남의 탓으로 돌린다.

그럼 나는 과연 전자에 속하는가, 아니면 후자에 속하는가를 묻는다면 나는 전자에 속한다고 당당하게 말할 수 있다.

사람들은 믿는 데가 있어야 뒤가 든든하다. 어린 시절에는 부모님이 후원자다. 성장하면 친구가 부모님의 자리를 대신하고 결혼하면 반려자가 그 역할을 잇는다. 늙으면 거꾸로 자식이 늙은 부모의 울타리가 된다. 믿는 이들에게는 신부님이나 수녀님들이 또 다른 세계의 의지처가 된다. 하지만 이분들은 때가 되면 어김없이 떠나셔야 한다. 떠나야만 한다는 것을 뻔히 알기에 정 주지 않으려 하지만 정이라는 것이 주려 한다고 주어지고 주지 않으려 한다고 주어지지 않는 것이 아니다.

정들고 헤어지면 준 사람도 받은 사람도 모두 상처를 받는다. 속세의 정 따로 있고 믿음의 정 따로 있는 것이 아님을 후에야 알았다. 정을 주어선 안 될 사람에게 정을 준 죄일까. 정이 많아 정을 주고 정 때문에 상처 받았다. 삼 년의 임기를 마치고 떠나는 수녀님과 또 한 번 슬픈 이별을 했다. 고통 앞에서도 당당하게 맞섰던 내가 그 많은 이별과 사별을 경험했음에도 또 한 번의 이별 앞에서 약해졌다. 아직 그 약해진 마음을 추스를 아무것도 찾지 못했다.

이제 나는 정원사가 되어야 한다. 정원사는 쓸모 있는 나무에는 물도 주고 가꾸지만 쓸모없는 가지는 잘라버린다. 내 가슴 아팠던 슬픈 추억들을 하나씩 잘라 나가자. 그래서 훨씬 가벼운 몸과 마음으로 떠날 수 있도록.

4. 위대한 약속

물의 소중함, 그리고 위대함

어제는 비가 내렸다. 지금이 5월이니 어제 내린 비는 분명 봄비다. 그런데 먼지만 가라앉을 만큼 시원찮게 내렸다. 이때쯤이면 시골에서는 논과 밭에 많은 물이 필요할 때다. 어린 시절에 우리 집은 넓은 땅은 아니었지만 겨우 우리 식구들 일 년분 양식 정도의 논농사도 지었고 밭농사도 붙였다. 그래서 이때쯤이면 시골에서는 못자리며 마른논에 물을 대느라 수고하는 농부님들을 자주 보고 자랐다. 그나마 다행이었던 것은 우리 집 논은 경지정리가 잘되어 있어 논 사이로 물이 흘러 남들보다는 덜 힘들었지만 물길이 쉽게 닿지 않은 논 주인들은 물을 대느라 고생이 여간 아니었다. 그래서 내가 어린 시절에만 해도 시골 논두렁에서 물대기 싸움이 종종 벌어지곤 했었는데 이 물싸움이 가장 치열한 싸움 중 하나였다. 한 해의 농사가 걸린 문제이며, 그 농사의 수확으로 한 해를 살아가야 하기에 가족들의 생사가 걸린 싸움이니 한 치의 양보도 없었다. 사람들이 물을 댄 논바닥에서 엎어지고 뒤집어지고 하며 싸우는 모습을 한번 상상해보라. 남들은 어른들이 볼썽사납게 싸운다고 흉보겠지만 그들은 사활을 걸고 싸웠다. 이 싸움이 어찌 수십억 수백억이 걸린 프로 권투시합만 못 하리오.

여기에는 이웃도, 사촌도 없고 젊은 사람과 늙은 사람의 구별도 없다. 논바닥에서 무슨 말라빠진 법이 필요하겠는가. 승리는 오직 힘 있는 자만의 것이다. 평상시에는 한 형제처럼 입에 들어간 것마저도 빼어줄 것 같이 친하던 사람들이 원수가 되어 싸우는 걸 보면서 물의 소중함이 얼마나 큰지 잘 배우고 자랐다. 어디 그뿐이랴, 한밤중에 아버님이 주무시다 말고 일어나 어디론가 나가 새벽이슬을 맞고 들어오곤 하셨는데 알고 보니 어둠을 틈타 우리 논에 있는 물을 논두렁 밑에 구멍을 내어 남의 논으로 빼 가지나 않나 야간순찰을 다녀오셨단다. 물론 남의 논의 물을 몰래 빼 가는 거야 요즘 말로 물 도둑이겠지만 그만큼 삶이 치열하였다. 그러하니 이때쯤이면 흡족한 봄비가 그리워졌다.

엊그제 대아수목원으로 봄나들이를 다녀왔다. 평소 때는 맑고 푸른 물이 찰랑거려 보기에 참 좋았던 대아저수지가 그때에 보니 거의 말라 있었다. 그래서 나는 큰비가 한 번 와주어야겠다고 생각했었다.

지난주에는 전주 남부시장에 나가 고추 모 20개, 상추 모 20개와

토마토 모 5개를 사다가 심심풀이로 사무실 뒷마당 자투리땅에다 심었다. 그중에서 고추 모 7개는 커다란 화분에 심고 아침, 저녁으로 물을 주곤 했지만 시골집 텃밭에 심은 것만큼은 싱싱하지도 않고 마치 병든 병아리처럼 영 신통치 않았다. 이것들을 심어 떼부자가 되려고 한 것은 아니고 꽃이나 나무 채소 등을 심어놓고 이것들이 파릇파릇 싹을 틔우고 아침저녁으로 조금씩 자라며 이쁜 짓을 하는 모습을 보는 것 또한 쏠쏠한 재미가 있다. 이것들을 바라다보면 생명력의 끈질김에 경외감마저 든다. 여기에 필수적인 것 역시 물이다. 그것도 비라고 어젯밤에 비는 그치고 오늘 아침에 사무실에 출근하여 맨 먼저 자투리땅으로 안부를 물으러 찾아갔더니 이틀 전만 해도 시들시들하던 고추, 상추, 토마토가 싱그럽다. 참으로 마음이 후련하고 '이만하면 모두 건강하게 자랄 수 있겠구나.' 생각되었다.

나는 사우디아라비아, 리비아에서 근 5, 6년간 근무를 했지만 한 번도 비를 만나지 못했다. 그 넓은 땅을 돌아다녀 봐도 풀 한 포기 나무 한 그루 보이지 않고 이글거리는 모래 밭에서 가끔씩 신기루 같은 것만 보인다. 수백km 떨어진 오아시스나 우물이 있는 곳이 아니면 사람들을 찾아볼 수가 없다. 이처럼 물이 귀하다 보니 식물도 동물도 인간도 생존하기 힘들고 생존한다 해도 튼실하질 못하다.

밤이슬만을 먹고 자라는 식물은 가시밖에 없고 잎은 없다. 잎이 있다면 말라 죽고 말테니 말이다. 그래서 낙타들은 이 가시풀만 먹고 살아야 한다. 그런데 신기한 것은 이 가시풀 안에 상당량의 물이 저

장되어 있는 것이다. 이 풀을 낙타가 먹고 인간은 이 낙타를 먹는다. 동물이고 식물이고 간에 죽으란 법은 없는가 보다.

1997년 나는 리비아의 대수로 현장에서 근무하고 있었다. 현장은 지중해가 있는 트리폴리나 벵가지로부터 리비아 사막 쪽으로 500~600km정도 내륙으로 들어간 곳이다. 이 메마른 사막의 300~500m의 지하에 커다란 강이 있고 그 강물을 펌프를 이용하여 지상으로 뽑아 올리고 그 물을 한곳에 모아 파이프라인을 통해 연안도시인 트리폴리나 벵가지로 보내는 공사현장이었다. 수백 미터의 샘을 파다 보면 물이 허공으로 솟구쳐 오르고 그 물이 사막을 적시면 모든 생명이 죽어 있을 것 같은 그 모래 땅에서 파란 풀들이 금시 자라 사막을 덮고 수km 이상 떨어진 곳에서조차 물 냄새를 맡고 낙타 떼들이 몰려온다. 이것을 보노라면 정말이지 천지창조자이신 조물주를 찬양하지 않을 수가 없다. 이처럼 물은 우리의 역사에 있어서 그만큼 필요하기에 인류의 위대한 4대 문명조차 강가에서 싹터 꽃피우지 않았던가. 그래서 일찍이 현자들은 모든 생명의 근원을 지, 수, 화, 풍이라 하지 않았던가.

그런데 여기에서 말하는 지, 수, 화, 풍은 생명이 존재하기 위한 최소한의 기본요건이다. 우리들이 이 네 가지만으로는 살아갈 수가 없다. 밥도 먹어야 하고 옷도 입어야 하고 몸이 아프면 병원에도 가야 하고 후손들을 이어가기 위해 결혼도 해야 하고 사회생활을 하기 위해 남들과도 만나야 한다. 이처럼 우리가 살아가기 위해서는 여러 가지 부속적인 것들이 많이 필요하다. 그중에 가장 중요한 것은 사랑이라 말하고 싶다. 메마른 사막 모래 땅에 물만 주면 파란 싹이 돋듯이 이 거친 세상에도 사랑만 주면 에덴동산처럼 푸르고 풍성해질 것이다. 이 세상에서 물은 고갈될 수 있지만 사랑은 결코 사라지지 않으리라. 물은 돈을 주고 사 먹어야 하지만 사랑은 값을 치를 필요가 없다. 물은 아무 데서나 구할 수 없지만 사랑은 지천으로 깔려 있다. 물은 아무에게나 줄 수 없지만 사랑은 아무에게나 줄 수 있다. 물과 사랑은 우리에게 생명력을 주며 또한 위에서 아래로 흐른다는 공통점도 있다.

과연 나는 물과 같은 사람으로 주위사람들의 마음을 촉촉하게 적셔준 적이 있는가. 행여 다른 사람들이 안 본다고 야밤에 남의 논두렁 밑에 구멍을 내어 논물을 훔쳐온 사람은 아닌가.

봄비야!

흡족하게 적셔주지는 못 했지만 이 넓은 대지를 적시느라 얼마나 고생했는고. 그것도 모르고 시원찮다고 당신을 원망한 내가 미안하오. 봄비야.

TV인간극장(남편 자격증)

결론부터 말하면 나는 TV를 거의 보지 않는다. 내가 즐겨보는 프로그램은 뉴스와 사극, 자연다큐 및 세계여행 정도지만 KBS1에서 방영하는 〈인간극장〉은 거의 빠뜨리지 않고 보는 편이다. 뉴스야 어차피 좋든 싫든 세상 돌아가는 것을 알아야 하기에 보는 것이지만 뉴스를 볼 때마다 정말이지 짜증나고 분통이 터진다. 정치인은 정치인대로, 경제인은 경제인대로, 종교인은 종교인대로 모두들 본질을 잃어버리고 표류하는 난파선 같다. 그런데 한 가지 이해가 가지 않는 것은 나라가 죽 끓듯이 이처럼 시끄러우면 당장이라도 침몰할 것 같은 데도 자고 나면 그냥 저냥 그럭저럭 헤쳐나간다. 참으로 신기한 나라다. 요즘의 오락 프로그램을 보면 거의 똑같은 옷차림에 비슷한 율동, 우리들의 취향하고는 너무나 동떨어져서 동질감을 느끼지 못하고 채널을 돌리고 만다. 연속극 역시 주로 여성분들을 상대로 한 내용들이 많기에 흥미를 느끼지 못하고 일어선다.

아내와 모처럼 집에서 함께 TV를 볼 때면 채널 때문에 가끔 티격태격할 때가 많지만 〈인간극장〉을 볼 때만은 예외다. 〈인간극장〉은 나와 아무런 상관이 없는 것들이 아니라 바로 우리 이웃들의 삶을 아무런 꾸밈없이 있는 그대로를 잔잔하게 그렸기 때문이다. 화려하지 않은 수채화 같다. 바로 우리 이웃들의 삶이기에 또한 나의 삶이 될 수도 있기 때문에 가슴에 와 닿는다. 여기에 등장하는 인물들은 이름난 정치인도 아니고 성공한 사업가도 아니고 유명한 박사들도 아니며 평범한 사람들보다도 더 어렵고 힘들게 살아가는 우리 주위에 흔히 있는 보통 사람들이다. 이 프로그램의 제작진들은 어떻게 이러한 사람들을 찾아냈고 배우도 아닌 이 사람들을 그처럼 현실감 있게 촬영했는지 가히 칭찬해줄 만하다. 그 사연도 가지가지다.

70이 훌쩍 넘은 며느리가 90이 넘은 시어머니를 50년이 넘도록 홀로 봉양한 사연, 시골에서 소를 키우며 살아가는 40대 중반의 부부가 자녀를 일곱이나 낳아 기르면서도 행복해 하는 사연, 일찍이 부모님을 여의고 할머니 손에 자라면서도 앞날의 희망에 대한 끈을 놓지 않고 꿋꿋하게 살아가는 젊은 청년의 사연, 병든 친정어머니를 간호하는 효성 지극한 딸의 사연 등.

이러한 사연들을 보고 있노라면 왠지 코끝이 저려오고 눈시울이 뜨거워져 마음이 여리고 쓸데없는 눈물이 많은 나는 아내 보기 민망해

은근슬쩍 화장실로 향하고 만다.

5월 초엔가 방송된 〈인간극장〉에서는 70중반의 남편이 70이 다 되신 치매를 앓는 부인을 돌보는 사연이 방송되었다. 솔직히 고백하지만 그 남편을 보니 지금도 이 목 구 비가 선명하고 잔주름 하나 없이 곱게 늙으신 걸 보니 보통 사람은 아닌듯 했다. 아무런 걱정도 없이 행복하게 사셨을 이 부부에게 12년 전 뜻밖에도 부인이 치매에 걸려 과거의 모든 기억을 잊고 어린애가 되는 불행이 찾아왔단다. 부인의 병을 고치려고 안 다녀 본 곳이 없었으며 좋다는 약이란 약은 모두 써보았지만 부인의 병은 조금의 차도가 없어 남편은 자신의 모든 것을 내려놓으시고 부인의 손과 발과 눈이 되어 곁에서 지켜준다는 내용이었다. 밥도 옷도 챙겨 주고, 청소, 온 집안일을 도맡아 하지만 짜증 한 번 내지 않고 지극 정성으로 보살펴주시고 계셨다. 3년 병간호 끝에 효자, 효부 없다했다. 그처럼 병간호가 힘들다는 말이다. 그중에서도 치매환자를 돌보는 것은 추운 겨울밤 서부 전선을 지키는 일 만큼이나 힘들겠다. 왜냐하면 단 한시도 환자에게서 눈을 뗄 수가 없기 때문이다. 그것도 자그만치 12년이다. 이런 것이 부부의 끈끈한 정인데.

다른 사람들 같았으면 전문요양병원에 입원시키고 잘해야 일주일에 한 번 정도나 병문안이나 가고 말았을 터인데. 이 노신사께 절로 머리가 숙여지고 할머니가 조금이라도 나아지길 간절히 빌었다. 남의 이야기 이지만 진한 감동을 받았다. 나도 이처럼 남에게 감동을 주는 삶을 살아야 할 텐데 그것이 걱정이다.

이 프로그램을 보는 동안 내내 아내가 곁에 앉아 있었는데 괜히 아내의 눈치가 보였다. 혹여 아내가 '다른 사람들은 부인들에게 저처럼 잘 해주는데 도대체 당신이란 사람은 무엇 하는 사람이오.'라고 핀잔을 주는 것 같아 괜시리 뒤꼭지가 근질근질했다.

며칠 전 아내가 심한 감기몸살로 드러누웠다. 온몸이 쑤시고 목이 부어 물도 못 마시겠단다. 그런 아내에게 병원에 가보라는 볼멘소리만을 남기고 출근했다. 한두 시간 늦게 출근하더라도 조금만 기다렸다 아내를 병원에까지 태워다 줄만도 했었는데 뒤늦은 후회를 했다. 아내도 말은 안 했지만 내심 섭섭했으리라. 몇 시간 정도가 지나 지금쯤은 병원에 다녀와서 집에 있으려니 생각하고 아내에게 전화를 했더니 아직도 병원에 있단다. 순간 무슨 큰 병이라도 생겨 복잡한 검사라도 하느라고 여지껏 병원에 있나 싶어, 왜 아직도 병원에 있느라고 물었더니 영양제 주사를 맞느라고 시간이 늦었단다. 순간, 나는 놀란 가슴을 쓸어내렸다. 천만 다행이다. 당신이 아파 드러누우면 나는 어찌하라고! 만약에 아내가 큰 병이라도 드러눕게 된다면 과연 나는 그 노신사처럼 내 아내를 간호할 수 있을까. 솔직히 말해 장담할 수 없다. 물론 한두 달 정도, 길면 일 이 년 정도는 할 수 있을는지 모르지만 12년은 자신이 없다. 그래서 '그 동안 건강해주어서 고맙소.'라고 감사하며 마음속으로 간절히 빌었다.

'여보! 건강하게 오래오래 사시구려.'

아들이 날아갔어요

우리 부모님들 때만 해도 능력만큼만 자식을 낳는 게 아니었다. 좀 더 솔직하게 표현한다면 아이가 들어서는 대로 낳았다. '아무런 대책 없이 낳았다.' 라는 말이 더 잘 어울리는 표현 같다. 그때 그 당시는 자식을 7~8명 두어도 흉도 아니었고 그것이 대세였다.

하지만 지금은 상황이 너무나 바뀌었다. 요즘 젊은 부부들은 필요에 따라 자식을 두는 것이 아니고 능력에 따라 자식을 둔다. 하기야 아이 하나를 낳아 요람에서부터 대학졸업할 때까지, 아니 취직하여 결혼할 때까지 부모님들이 짊어져야 하는 무게가 너무나 가혹하기에 어찌 젊은 부부들만을 탓할 수 있겠는가.

나도 형제가 7명이나 된다. 어린 시절 가난한 농사꾼의 셋째로 태어났으니 먹는 것 하며 입는 것 하며 어느 것 하나 넉넉한 것이 있었겠는가. 어린 가슴에도 가난이 한이 되어 내가 결혼하면 절대로 자식을 많이 두지 않으리라 스스로에게 다짐했었다. 실로 지금 생각하면 가슴 섬뜩한 생각이었다. 그리고 많은 시간이 흐르고 내가 결혼한 뒤로도 그 다짐은 변하지 않았고 실제로 자식을 하나만 두었다.

첫아이를 낳았는데 건강한 아들이었다. 아들의 첫돌이 지난 어느 봄날 나는 또 한 번 비장한 각오를 했다. 단산조치를 한 것이다. 어머님이 살아 계셨다면 감히 생각지도 못할 일이었다. 그 각오의 배경에는 부모님들처럼 능력도 없으면서 여럿 낳아 자식들 고생시키느니 하나만 낳아 내가 못 해본 것 내 자식에게는 원 없이 해주리라는 제한적인 생각뿐이었다. 그런 사정도 모르시는 수녀님께서는 먹고 살 만한 사람이 아들만 하나여서 아이가 외로울 터이니 여자아이 하나를 입양시키라고 말씀하셨다. 참으로 기가 막힐 일이었다.

다행히도 아들은 건강하게 잘 자라주었다. 먹는 것, 입는 것, 어느 것 하나 투정하지 않고, 특히 먹고 자고 일어나고 하는 것은 너무나 정확하고 울거나 칭얼대지 않았다. 이런 자식을 지켜보는 우리 부부는 한없이 행복했고 전폭적인 지원을 아끼지 않았다. 중학교 때부터 용돈은 현금카드로 입금시켰고 먹고 싶은 것, 갖고 싶은 것, 하고 싶은 것 무엇 하나 부족함이 없이 해주었다. 하지만 우리 부부의 기대가 너무나 큰 탓이었는지 중학교 상급반이 된 후부터는 소위 말하는 '문제 학생'으로 변했었나 보다.

그 시절 나는 해외근무 등으로 아들과 떨어져 지내는 시간이 많았으므로 아내 혼자서 마음고생이 심했음에도 외국에 나가 근무하는 나에게는 말도 못 했단다. 고등학교 3년 내내 말썽만 피우고, 술과 담배를 하고, 싸움질은 저희 학교에서 3년 내내 1등이었단다. 그나마 다행이었던 것은 본성마저 비뚤어진 것은 아니었다. 대학은 두세 군데를 다녔지만 아직 졸업은 못 했다. 그동안 들어간 돈으로 친다면 다른 아이들 4년제 대학 몇 번 졸업하고도 남았을 게다. 그러던 아들놈이 제 힘으로 서울에 취직하여 제 적성에 맞는 직장에서 근무하고 있다. 참으로 신통방통하다.

작년 봄, 정년퇴임을 한 달쯤 앞둔 토요일 오후였다. 모두가 퇴근하고 적막한 사무실로 아들놈이 찾아왔다. 정년퇴임을 앞둔 터라 마음이 심란할 때였다. 그런데 찾아온 이가 아들뿐만이 아니고 동행인이 있는 듯했다. 누구와 함께 왔느냐는 나의 질문에 아들놈이 밖에 대고 소리를 질렀다. 이어 이목구비가 또렷하고 야무지게 생긴 아가씨가 사무실로 들어왔다. 겉에는 바바리코트를 입고 벨트를 꽉 졸라매고 하이힐을 신은 모습이 내 마음에 쏙 들었다. 아들놈 이야기를 들어보니 둘이 결혼을 전제로 사귀고 있는 아가씨란다.

'천만다행이다.' 라고 생각했다. 하나밖에 없는 아들놈이 나이 들도록 장가도 안 가고 있으면 부모 마음이 썩어 나갈 터인데 적령기에 장가를 가겠다니 나와 아내는 서둘러 아들을 결혼시켰다. 아들을 장가보내고 나니 마치 부모의 책임을 다한 느낌이었다. 대신 그 대가는 톡톡히 치렀다. 34년 동안 아내도 모르게 짬짬이 모아 두었던 비자금을 아들놈 장가 밑천으로 모두 써버린 것이다. 부모의 책임을 다했다는 안도감과 그동안 아무리 우리 부부의 속을 썩였지만 마치 멀리 떠나버린 것 같은 아쉬움에 한동안 마음을 잡지 못했다. 그런 부모의 마음을 아는지 모르는지 아들은 서울에 신혼살림을 차리고 잘 살고 있다. 그저 아무런 탈 없이 행복하게 살아주길 바랄 뿐이다.

결혼 후 바로 혼인신고를 하고 서울로 주소지를 옮겼다. 금년 봄에 아내가 보험 관계로 면사무소에 가서 주민등록등본을 떼어보니 아내 이름 바로 밑에 있던 아들놈 이름이 없더란다. 그것을 보는 순간 두 무릎 사이에서 힘이 빠져나가고 금방이라도 눈물이 쏟아질 것 같더란다. 이런 아내의 모습을 지켜보던 면사무소 직원이 왜 그러시느냐고 묻기에 "아들이 날아갔어요."라는 말로 적당히 얼버무리고 면사무소를 황급히 빠져 나왔단다. 그런 아내에게 내가 무슨 말로 위로를 해 줄 수 있단 말인가.

친구도, 연인도, 부부도, 부모와 자식 간에도 만나면 헤어지는 것이 자연의 섭리인데 어쩌란 말인가. 이제는 새로운 만남의 기대보다는 아름다운 이별을 위한 연습을 해야겠다.

위대한 약속

약속은 우리 삶의 일부다. 모태에서 태어나 말을 배우는 순간부터 마지막 숨을 거두는 순간까지 삶은 약속의 연속이라고 말할 만큼 많은 약속들을 한다. 약속에는 타인과의 약속도 있지만 자신과의 약속도 있다. 약속의 내용이 무엇이건 그 약속은 지켜져야 한다. 그러기에 약속은 남의 강요나 체면 때문에 이루어져서는 안 되며 완전히 자유의지에 의하여 이루어져야 한다.

그런데도 경우에 따라서는 약속을 지키지 못하는 경우가 종종 있다. 한 번 결정한 약속을 갑작스런 사고나 사정에 의하여 지키지 못할 때가 있다. 그렇다면 사전에 상대방에게 연락하여 약속을 취소하거나 연기 할 수도 있다. 그렇다면 상대방에게 크게 결례가 되지는 않을 것이다. 변제하겠다고 약속한 채무를 사정상 이행하지 못하는 경우가 있다. 참으로 난감한 일이지만 사전에 채권자를 찾아가서 정중히 앞, 뒤 사정을 설명하고 양해를 구한다면 싫은 소리야 듣겠지만 그나마 쥐꼬리만 한 신용은 지킬 수 있을 것이다. 그러나 처음부터 지키지도 못할 약속이나 지키고 싶은 마음이 전혀 없는 약속을 자기 자신과 했다면 이는 자기 기만이 될 것이며, 이러한 약속을 타인과 했다면 사기에 해당될 것이다. 그러하기에 약속의 내용도 중요하지만 성실한 마음으로 약속을 하고, 진지한 마음으로 약속을 지키려는 의지 또한 중요하다 하겠다.

친구들과의 약속! 모두들 퇴임하여 집에 있으면서 남아도는 게 시간일진대도, 모처럼 만나서 서로 안부도 묻고, 세상 살아가는 이야기도 나누면서 술이라도 한 잔 나누려고 약속을 하면 으레 한두 사람은 늦게 도착하고 한두 사람은 아무런 연락도 없이 불참한다. 어떤 때에는 아무리 친구이지만 야속한 마음이 든다. 사전에 전화라도 한 통 해주면 서운함이 덜할 텐데.

한 달에 한 번씩 만난다 해도 일 년이면 12차례요 10년이면 120차례요 20년이면 240차례 정도 만나면 우리들은 영영 이별이니 그 만남의 약속이 얼마나 소중한가.

연인들끼리의 약속, 얼마나 가슴 설레 이며 흥분되는가. 어디에서 만나 어느 곳에서 식사를 하며 어디에 가서 차를 마시며 무슨 영화를 볼까 하는 등 행복한 고민을 하게 만드니 이 약속 또한 얼마나 애틋한 약속인가.

가족들 간의 약속. 자식들은 자식들로서의 본분을 다하겠다는 약속. 아내는 한 남편의 부인으로서, 또한 자식들의 어머니로서 자식들의 교육에 힘쓰며, 빈약한 남편의 봉급이지만 알뜰살뜰 한 집안을 이끌어 가겠다는 약속. 아버지는 한 집안의 가장으로서 무슨 수단과 방법을 써서라도 가족을 지켜야 한다는 약속, 이 약속들이 지켜진다면 그 가정은 웃음이 넘쳐나는 가정이 되겠지만 그 구성원들 중에 어느 한 사람이라도 이 약속을 어기면 그 가정은 정녕 파멸되고 말 것이니 이 약속 또한 얼마나 귀중한 약속인가.

이처럼 우리 주변에는 여러 부류의 약속이 있지만 가장 위대한 약속은 자신과의 약속이라 생각한다.

신년이 되면 우리들은 자신과의 약속(다짐)을 한다. 담배를 끊겠다, 술을 줄이겠다, 운동을 하겠다, 교회에 나가겠다, 글 쓰는 공부를 해보겠다, 독서를 하겠다 등 약속들을 많이 해보지만 결코 3일을 넘기지 못하고 자신과의 약속을 자신이 깨버리는 사람들이 많다. 그러한 사람들을 보고 주변사람들은 3일도 못 넘길 약속은 왜 하느냐고 입을 삐죽거리지만 그렇다고 새로운 다짐조차 포기하는 것보다야 낫지 않겠는가.

자신과의 약속을 지키지 못함은 자신의 의지력의 부족이기에 변명의 여지가 없을뿐더러 자신을 더욱 비참하게 만들 뿐이다. 최소한 자신의 인격을 스스로 지킬 만큼의 세상을 살지 않았던가. 약속에는 말이나 글로 하는 약속도 있지만 마음으로 이어지는 약속도 있다.

어제는 친구와 함께 자신과의 약속을 성실히 지키기 위해서 삶의 현장에서 열심히 일하다가 불의의 사고로 병원에 입원해 있는 친구 아들을 위로 차 찾아갔다. 이 병원은 산업재해 근로자들이 주로 입원하여 치료를 받는 병원이라서 환자들 대부분이 외과치료 및 신경계통의 치료들을 많이 받고 있었다.

불편한 몸을 억지로 일으켜 세우며 인사를 하려는 친구 아들을 만류하고 의자를 끌어다 옆에 앉기는 하였으나 아무런 말도 떠오르지 않았다. 전에는 그리도 성격이 좋고 예의도 밝아 친구들로부터 부러움의 대상이었던 친구는 이미 삶의 의지를 잃은듯했다. 슬하에 남매만을 둔 친구는 3년 동안 앓아누워 남의 도움 없이는 식사도 대소변도 해결할 수 없는 마치 식물인간이나 다름없는 자식 앞에서 너무나도 초라하게 보였다. 친구도 이제는 흰머리가 희끗희끗한 초로다. 나이가 들면 자식이 울타리라는데 울타리는 고사하고 언제 자리를 털고 일어날지 기약조차 없는 자식을 두고 어찌하란 말인가. 주위의 환자들이 거의 그러한 상태다.

가정 구성원의 한 사람이 사고를 당하여 드러눕게 되니 한 가정의 행복이 사라진 것이다. 앞에서 말한 가족 간의 약속이 깨어진 것이다. 이 사람들과 잠시 이야기를 나누다 보니 사고의 원인도 가지가지이며 사고의 유형도 사뭇 다르다. 어떤 이는 높은 곳에서 떨어진 사람, 어떤 이는 위에서 떨어진 물체에 맞아 다친 사람, 어떤 이는 움직이는 기계 틈에 끼였던 사람, 어떤 이는 작업차량에 치인 사람, 어떤 이는 높지 않은 곳에서 별것 아니다 싶어 뛰어내리다 발목이 부러진 사람, 무거운 물건을 들다가 허리를 다친 사람 등등 실로 다양하다.

그러나 그때 그곳의 상황이 결코 사고를 당할 만큼 불리한 곳은 아니라는 것이다. 평상시 자신이 일 해왔던 곳이기에 주변상황도 잘 알고 있었고 불의의 사고에 대처할 수 있는 숙련된 작업자였다는 데 문제의 심각성이 있다.

아침에 출근하기 전에 부부싸움을 했다든지, 지난밤에 자신이 감당할 수 없을 정도의 약주를 들었다든지, 아니면 자신이 자만하여 사고 앞에서 너무나 경솔했다든지 등의 이유가 분명히 있다. 그리고 이들은 자신의 발등을 찧으며 후회를 한다. 자신이 이러한 사고를 당했다는 사실에 너무나 어처구니 없어하며 그때 그곳에서 조금만 주의했더라면 이러한 사고를 당하지 않았을 거라 말한다. 우리는 한 가정의 구성원으로서 가정의 행복을 지키기 위해 자신의 몫을 다 하겠다고 이미 약속했다. 약속을 하는 것도 중요하지만 그 약속을 지키는 것이 더욱 중요하다. 가족 간의 약속에는 시효가 없다. 죽어야만 그 약속은 끝이 난다.

이제는 더 이상 바랄 것도 없다. 지금의 이 조그마한 행복이나마 깨어지지 않도록 주어진 삶의 십자가를 묵묵히 지고 가족을 위하여 맺은 약속을 지키며 살아야겠다.

그래, 이 정도면 됐지 뭐

어린 시절 나는 전기불도 없는 깡촌에서 살았다. 그것도 초가삼간이었으니 부엌 한 칸에 아랫방, 윗방이 전부였다. 부모님은 아랫방에서 그리고 우리 7남매가 방 하나에서 함께 살았다. 잠을 자다 깨어보면 동생의 발 하나가 내 목에 걸려 있는가 하면, 내 발은 형의 배 위에 올라가 있기도 했다. 그러면서 우리 형제들은 치고받고 하면서 아무런 탈 없이 잘도 자랐다. 그때는 우리 집이 가난한지 부자인지, 잘사는지 못사는지, 따지지도 않았고 그럴 수도 없었다.

추우면 그저 참아야지, 더워도 참아야지, 배가 고파도 참아야지 생각하며 살았다. 참는 것 이외에 다른 방법이 없었다. 그래서 우리는 어릴 적부터 참는 것을 몸에 익히며 살았다. 참는 미덕을 길러왔다. 그렇게 길러진 참는 미덕이 지금은 내 삶의 근간이 되었다.

어릴 적 내가 살았던 나의 전용면적을 굳이 수치로 환산하면 0.5평도 채 안 되었을 것이다. 그런데 지금 나는 32평 아파트에서 아내와 둘이 살고 있으니 나의 전용면적은 15평이 넘는다. 더우면 에어컨 틀고, 추우면 보일러 돌리고, 따분하면 TV 켜고, 음악 듣고 싶으면 오디오 전원을 켠다. 그것도 귀찮다고 리모콘으로 켠다.

어린 시절에는 가난하고 찌들었겠지만 비교상대가 없었기 때문에 나는 행복했었다. 만약에 그 어린 나이에 내가 불행하다고 생각했다면 나는 평생 불행한 사람으로 살 수밖에 없었을는지도 모른다. 그렇다면 예전에 비해 주변 여건이 엄청 나아졌으니 과연 나는 행복한가? 그것은 절대 아니다. 오히려 더 불행해졌는지도 모른다. 행복하지 않은 이유는 간단하다. 이유는 내가 철이 들고 주변을 보는 시야가 넓어지다 보니 나를 주위사람들과 비교하기 때문이다.

내가 살고 있는 시골의 아파트 한 채나 서울 강남에 있는 아파트 한 채나 사람이 들어가 사는 것은 똑같다. 그런데 사람들은 시골의 아파트 값은 얼마이고 강남의 아파트값은 얼마다라고 비교하니 상대적으로 빈곤을 느낀다. 이것이 우리를 천국에서 지옥으로 끌어내리는 이유다.

나의 외갓집은 산골이었다. 그때에는 비록 산골이었지만 그런대로 생활이 괜찮으셨다. 당시 나는 익산에 살고 있었는데 외갓집에라도 한 번 가려면 어머님께서는 일찍 새벽밥을 지어 잡수시고 십 리 길을 걸어 동이리역으로 갔다. 언제 올지도 모르는 기차를 한두 시간 기다리는 것은 불만 속에도 끼지 못하였다. 졸다 자다 기다리다 지칠 때쯤이면 기차가 들어왔다. 칙칙 폭폭 하얀 연기를 뿜어대며 달려가는 기차에 몸을 실으면 그동안의 짜증은 차창 밖으로 스쳐지나가는 시골풍경과 함께 사라지고 말았다. 관촌역에서 내려 집에서 싸 가지고 간 보리밥에, 흐르는 냇가에 씻은 상추와 함께 늦은 점심을 먹고 나면 나른하게 졸려왔다. 그러나 어머님께서는 언제 올지도 모르는 버스를 마냥 기다리다가 뿌연 먼지를 일으키며 산모퉁이를 돌아 달려오는 버스 소리를 들으면 나를 깨우셨다. 그 당시 버스라야 6 · 25 전쟁 당시 군용으로 사용했던 트럭을 개조한 것이었다. 천장과 벽은 천막지였고 의자는 옆으로 길게 놓여진, 허름한 막걸리 집의 의자 같은 나무의자였다. 외갓집에 도착하면 아침 해가 석양으로 바뀌었다. 그런데도 즐겁고 행복했다.

그런데 지금은 어떠한가. 여행이라도 갈 때면 엘리베이터를 타고 내려와 주차장에 세워둔 자동차의 문을 열고 의자에 앉으면 이것으로 준비 끝이다. 그러면서도 길이 막힌다 하여 짜증내고 난폭운전에, 앞지르기에, 어린 자식들이 뒷좌석에 있는데도 갓길운전에 입에 담지 못할 심한 욕까지 해댄다. 대체 무슨 불만이 이다지도 많은가. 세상이 나만 위해서 있는 것이 아니지 않는가.

어린 시절 그토록 순진하고 착했던 내가 무엇 때문에 이같이 변질되었을까? 늦은 밤 조용한 시간이다. 의자를 바짝 앞으로 끌어당겨 놓고 엉덩이가 의자의 뒤끝에 닿도록 하고 허리를 곧게 펴고 앉아 자신을 성찰해 보았다. 병이 났으면 진찰해보고 정확한 병명을 찾아 처방해야 할 것 아닌가?

작년가을 평소 때에는 도통 연락도 없던 후배에게서 전화가 왔었다. 좋은 자리가 생겼으니 관련서류를 제출하고 기다려 보라고 해서 부푼 마음으로 기다려 보았지만 끝내 소식이 없었다. 후에 알게 되었지만 일이 뜻대로 되지 않았단다. 그래서 미안해서 연락도 못해 주었단다. 그래서 나는 말했다 "무엇이 그토록 미안했는가? 나를 기억해 주고 생각해 줬다는 것만으로도 나에게는 얼마나 고마운 것인데."라고. 잘못된 것은 내 나이 때문이었다.

능력이고, 경력이고, 열정이고 하는 것들은 나이 앞에서는 백약이 무효였다. 이 일이 있은 후에 나는 다시 한 번 자신을 바라보고 모든 것을 내려놓는 계기가 되었다. 그리고 결심했다. 내가 지금 가지고 있는 것에 만족하자. 더 이상 바라는 것은 욕심이다. 욕심부려봤자 사람만 추해진다.

그 결심의 내용은 다음과 같다.

우리 집안 그리 내세울 건 없지만 "그래, 이 정도면 됐지, 뭐."

비록 가족력 때문에 내 혈압이 좀 높지만 "그래, 내 건강이 이 정도면 됐지, 뭐."

비록 시골 아파트이지만 사는 데 불편치 않으니 "그래, 이 정도면 됐지, 뭐."

비록 우리 집사람 그리 예쁘지는 않지만 "그래, 이 정도면 됐지,

뭐.”

우리 아들 남들보다 크게 잘나진 못했지만 “그래, 이 정도면 됐지, 뭐.”

우리 며느리 참 착하다. “그래, 이 정도면 됐지, 뭐.”

내 자동차가 11년이 되었지만 아직 탈 만하다. “그래, 이 정도면 됐지, 뭐.”

내 연금이 그리 넉넉지는 않지만 “그래, 이 정도면 됐지, 뭐.”

내 학력이 그리 좋지는 않지만 “그래, 이 정도면 됐지, 뭐.”

내 지혜가 넘치지는 않지만 “그래, 이 정도면 됐지, 뭐.”

내 믿음이 그리 독실치는 못하지만 “그래, 이 정도면 됐지, 뭐.”

내 글재주가 뛰어나진 못하지만 “그래, 이 정도면 됐지, 뭐.”

하며 그렇게 저렇게 살련다.

야합

정말이지 이런 것들은 싫다. 죽어서 썩어 문드러진 동물의 사체를 사이에 두고 서로 먹으려고 아귀다툼하는 악어들이며, 이제 막 알에서 부화하여 본능적으로 물가를 향해 죽을 힘을 다해 달려가는 새끼거북이들을 마치 심심풀이 땅콩을 주워 먹듯이 쪼아 먹는 갈매기 하며, 어린 가젤을 무리에서 떼어놓고는 번갈아가며 쫓아 힘이 빠진 먹잇감을 숨도 채 끊기지 않은 산 채로 개걸스럽게 뜯어 먹는 들개 등. 이 모든 것이 치열한 야생에서의 생존법칙이겠지만 보기에도 너무나 치졸하고 비겁하다는 생각이 든다.

독수리나 사자의 사냥 모습은 정말이지 박진감이 넘치고 스릴이 있어 나는 자연 다큐를 자주 본다. 독수리는 절대로 무리 지어 사냥하지 않는다. 높은 곳에서 그 위용을 자랑하며 늠름하게 앉아 있다가 먹잇감이 포착되면 소리 없이 그러나 쏜살같이 날아가 먹잇감을 낚아챈다. 사자 또한 마치 적진에 침투한 정찰병처럼 철저히 자신을 위장하고 은폐해 있다가 목표물이 사정권 안에 들어오면 번개처럼 달려들어 단숨에 숨통을 끊어놓는다. 그래서 비호다. 뱀처럼 풀 속에 숨어 징그러운 혀를 날름거리며 은밀하게 접근하여 독을 사용하지 않는다.

나의 학창시절에도 학교폭력은 있었다. 나의 아버님 때에도 아버님의 아버님 때에도 있었을 것이다. 약자는 약자 나름대로 살아남기 위해 서로 뭉쳐 강자와 대결하며 살아왔다.

당시에는 강한 자가 약한 자를 괴롭히면 그는 비겁한 놈으로 낙인이 찍였다. 약자가 죽을 것을 각오하고 강자에게 덤벼들었을 때 우리는 그를 영웅이라 했다. 오늘날처럼 집단 따돌림이나 집단 폭행 같은 것은 없었다. 집단폭행 행태야말로 자신이 약한 것을 알고 떼 지어 다니는 들개들과 다를 바가 없다.

지인 중 한 분이 시골집 마당에 토종 오골계를 스무 마리 정도 키웠다. 닭장 속에서 꼬꼬댁 하며 난리가 난 것 같아 가 보면 여러 마리 닭들이 가장 머저리 같은 동료 닭 한 마리를 죽도록 쪼아대며 못살게 하더란다. 그런데 그 머저리 같은 닭이 없어지면 되려니 생각하고 그 머저리 닭을 격리시켰더니 나머지 닭 중에서 또 가장 약한 닭을 골라 못살게 굴더란다. 이 꼴을 더 이상 지켜볼 수 없었던 주인은 나머지 닭들을 모두 처분해 버렸단다. 마치 하느님의 권위에 도전하려는 인간들의 추한 모습을 더 이상 지켜볼 수 없었던 하느님께서 진노하시어 '바벨

탑'을 무너뜨리고 인간들을 사방으로 흩으신 것처럼, 또한 타락한 인간들을 홍수로 쓸어버리신 것처럼, 나머지 오골계를 쓸어버렸다. 강자에게는 꼬리를 내리고 약자는 깔아뭉개는 오늘날 우리들의 모습이 이 오골계 같지는 않은지 심히 걱정된다.

지금의 우리의 정치판을 한 번 들여다보자. 자신만이 결백하고 결점이 없으며 오로지 자신만이 자격이 있는 것처럼 입에 거품을 물며 야수의 이빨을 드러내어 상대방을 물어뜯는다. 상대방 역시 살아 남기 위해 똑같아질 수밖에 없다. 마치 지저분한 시골장터 한구석에 볼품없이 놓여진 오골계 닭장 같다.

어제 나는 난생처음 보지도, 듣지도 말아야 할 것을 보고, 듣고 말았다. 회사에서 충청도 쪽의 입찰에 참여하려는 계획을 가지고 대전에 사무실을 개설하려 했다. 마침 적당한 사무실이 '경매정보'에 나왔기에 입찰에 참여하려고 내가 직접 '대전지방법원 경매과'에 다녀왔다. 경매란 무엇인가. 사업자금이 필요하여 은행돈을 썼다든가, 세금을 못 냈다든가, 아니면 자식들 학자금이며 결혼자금이 필요하여, 또는 노부모님들의 병원비가 필요하여 집이나 땅을 담보로 은행에 맡기고 은행돈을 썼으나 갚지 못하여 집이나 땅이 법원에 압류되어 일반 경쟁 입찰에 붙여지는 것을 말한다. 그러니 집을 압류당한 사람은 길거리로 나앉아야 하며 논, 밭을 압류당한 사람은 생의 터전을 잃게 된다. 참으로 딱한 사정이다.

경매에 나오는 물건은 시중 실거래가보다 낮기 때문에 많은 사람들이 모이게 된다. 이 사람들에게는 남의 불행이 그들의 행복이 되는 기막힌 역설을 보게 된다. 그런데 실제로 그 집이나 땅이 꼭 필요해서 좀 낮은 가격으로 구입하려는 실수요자도 일부는 있겠지만 시세차익을 노리는 전문 부동산업자나 투기꾼들이 대부분이다. 이들은 모두가 서로 잘 아는 사이라 형님, 동생 하는 한통속이다. 최고로 낮은 가격에 낙찰받기 위해여 서로 짠다. 소위 말하는 '야합' 을 하는 것이다. 짜고 치는 고스톱 놀이' 를 한다. 그리하여 낮은 가격에 낙찰 받아 많은 이윤을 남긴다. 참으로 편하게 돈 벌어 먹고 사는 사람들이다. 그러므로 낯모르는 실수요가가 보이면 갖은 회유나 공갈, 협박으로 입찰에 참여치 못하게 한다. 여기에는 법도, 예의도, 나이도 아무런 상관이 없다. 일부러 어깨로 툭툭 치기도 하고 험악한 인상에 불량한 복장에 거친 말투가 그들의 유일한 무기가 된다. 이것이 법치국가인 대한민국의 '법의 일 번지'라 불리는 법원의 현주소다.

다행히도 입찰에 참가는 했으나 나보다 다른 사람이 더 높게 배팅하여 빈손으로 돌아 나왔다. 경매사무실을 나오면서 성한 몸으로 걸어 나왔음을 다행이라고 생각하며 놀란 가슴을 쓸어내렸다. 그리고 두 번 다시 이런 곳에는 발을 들여놓지 않으리라 결심했다. 겉보기에는 웅장하고 위엄이 있고 공정하리라는 이곳에도 들개 떼들이 있구나 하는 값비싼 경험을 했다.

누군가가 한 말이다. "의사하고 검사하고 판사는 되지 말아라. 의사는 병든 환자들만을 상대하고, 검사는 죄 진 사람들만 상대하고, 판사는 죄를 저지른 사람들에게 벌을 내려야만 하기 때문이다."

사람들은 자신이 속한 집단에 보이지 않은 울타리를 치고 타인의 등장을 가로막는다. 소위 말하는 밥그릇을 빼앗기지 않고 기득권을 지키려는 것이다, 우리의 정치사가 바로 이 '야합'의 대표적인 표본이다.

우리 국민이 선진 국민, 일등국민이 되기 위해서 가장 먼저 해야 할 일은 이 야합을 부수는 일이다. 이것을 부수는 데에는 삽도 곡괭이도 필요 없다. 단지 '나 = 우리' 라는 등식만 실천하면 된다.

봄날에 젊음을 만나다

오늘은 참으로 운이 좋은 날이다. 이제는 4월 초순이니 완연한 봄날씨이어야 함에도 어제까지 하늘에는 심술궂은 검은 구름만 가득하고 바람조차 행인들의 발걸음을 재촉하더니 오늘은 아침부터 싱그러운 봄 햇살이 마치 수줍은 여인네의 속살처럼 부드럽고 따뜻한 온기를 전해준다. 이 햇살을 등에 지고 나는 마치 개선장군처럼 늠름하게 서류가방을 손에 들고 평생교육원 수필창작반에 수필 강의를 받으러 간다. 모르는 사람들이 보면 수필창작반 교수님 정도로 착각할는지는 모르겠으나 나는 수필반의 수강생이다. 나는 특별한 일이 없는 한 수업 시작 전 1시간 정도쯤 일찍 도착하여 함께하는 문우님들의 교재도 준비해 놓고 커피 물도 미리 끓여 놓는다. 이러한 나의 부지런함 때문인지 문우님들 사이에서 따돌림 당하지 않고 그럭저럭 해나가고 있다.

오늘 아침에도 예나 다름없이 일찍이 평생교육원에 들어서니 어디에서 누군가가 누군가를 부르는 소리가 들렸다. '나는 아니겠지.' 생각하고 잠시 주춤했던 발걸음을 강의실로 옮기는데 재차 부르는 소리가 들려 뒤돌아보니 함께 수필공부를 하는 선배님이셨다. 건강하셨던 선배님이 이번 학기 초에 건강이 좋지 않아 한 달 만에 처음으로 수업에 참석하신단다. 서로 간단한 안부를 묻고 있는데 손에 들고 계시던 종이 가방을 불쑥 나에게 내미신다. 무엇인가 하고 들여다보니 지난겨울 나에게 주시겠다고 약속하신 겨울용 셔츠였다. 조카분이 준 것을 나에게 주신 거란다. 그 선배님이 보시기에는 내가 열심히 하는 모습이 좋게 보이셨던 모양이다. 아래인 내가 선배님께 드려야 하는데 상황이 뒤바뀐 것 같아 무척이나 고맙고도 죄송스러웠다.

오늘 강의 자료에는 내 작품이 실렸다. 내가 쓴 글은 남에게 평가받는다. 내가 쓴 글을 남에게서 평가 받는다는 것은 그리 썩 달가운 일은 아니나 어차피 한 계단을 오르기 위해서는 통과해야 할 관문이다. 오늘 내 글에 관한 문우님들의 평은 그리 좋은 편은 아니었으나 왠지 마음만은 오히려 편했다.

2시간의 수업이 끝나면 모두 식당에 가서 간단한 점심을 먹고 헤어지면 하루의 수업은 끝이다. 하지만 이 점심 식사 시간 역시 수필 강의만큼이나 유익하고 재미있어 필수코스다. 수업시간에는 별로 말이 없던 사람들도 이 시간만 되면 모두 교육자도 되었다가, 예술인도 되었다가, 수필가도 된다. 역시 수필을 공부하겠다고 모인 사람들이니 그 기초 지식에 또한 놀라지 않을 수 없다.

오늘은 점심식사가 끝나고 모두 헤어졌는데 그중 젊은 여성 문우들 몇이서 차 마시는 자리에 영광스럽게도 나를 끼워주겠단다. 염치 불구하고 따라나서 그분들과 이야기를 나누다보니 어느덧 나이도 성별도 모두 잊어버리고 이야기 속으로 빠져버렸다. 그곳에는 오직 젊음과 발랄함과 순진함과 삶의 열정만이 살아있었기에 그곳에서 나는 만물이 태동하는 봄날을 발견했다.

이처럼 화창한 봄날에 선물도 받고 차도 얻어 마시고 생기 넘치는 젊음을 만났으니 오늘은 참으로 운이 좋은 날이다.

덧칠

사람들은 모두 화장을 한다. 화장이 언제 어디서부터 시작되었는지 정확하게 알 수는 없으나 인류의 역사와 함께 시작되었으리라 생각한다. 화장은 사는 지역에 따라, 성별에 따라, 나이에 따라, 종교나 개성에 따라 또는 신분에 따라 다양하게 채색되었다. 또한 화장은 그 목적에 따라 다른 색깔과 모양으로 표출되었다.

첫째, 여성의 화장의 목적은 단연 아름답게 보이기 위함이며, 남성은 강하고 매력 있게 보이기 위함이며, 전쟁터에 나가는 전사들이 온몸에 그렸던 화장은 상대방에게 겁을 주기 위함이었다. 때로는 종교적 의식을 치르기 위해 화장을 했고 피부 보호를 위해서도 했다. 또한 자신을 보호하기 위한 수단으로도 화장을 했다. 나무 한 그루, 풀 한 포기 없는 사막을 오가는 자동차에 진하고 험한 그림을 그려놓고 요란한 장신구와 붉고 푸른 전구를 주렁주렁 달아놓은 것을 보고는 그들의 문화인 줄로만 알았었다. 이유는 사막에 사는 맹수들을 쫓기 위한 수단이었단다 .

둘째, 화장은 보여주기 위한 목적 외에 자기만족을 위한 수단이었을 것이다. 이성에 눈 뜨기 시작할 사춘기 때에는 여자는 복숭아처럼 솜털이 나고 얼굴은 뽀얗고 가슴도 부풀기 시작한다. 남자는 제법 완력이 생기고 근육도 붙기 시작하며 가슴도 넓어진다. 하지만 이것으로 만족하지 못한 사람들은 남보다 예쁘게 보이기 위해 또는 강하게 보이기 위해 인위적인 전위예술을 한다. 눈, 코, 입, 턱, 가슴, 눈썹에 인공미를 더한다. 정치욕에 눈먼 사람들은 아무리 높은 자리에 올라도 만족하지 못하고, 돈에 눈먼 사람들은 아무리 움켜쥐어도 만족하지 못하듯이 예뻐지려는 여자의 욕망에도 끝이 없고 강해지려는 남자의 욕망에도 끝이 없다. 해서 지나친 화장은 보는 이를 짜증나게 만든다. 그리고 보면 자기 확신이 약하고 자신감이 부족한 사람일수록 화장이 과하다. 그런데 외출할 때에 차도르로 얼굴을 가리는 이슬람 여성들은 왜 화장을 할까. 비록 남에게 보여주고 자랑할 수는 없지만 자신의 아름다움에 도취되고 그 아름다움을 가슴속에 고이 간직하고픈 마음의 발로가 아닐까. 처음에는 화장품을 이용하여 얼굴에 바르고, 비비고, 문지르고, 그리고 하던 것이 몸 전체로 확대되더니만 이제는 아예 찢고 째고 빼고 집어 넣고 꿰매고 하여도 성이 덜 차는지 영영 지워지지 않도록 문신을 새기기도 하며 그 위에 온갖 금은보화로 치장들을 하고 있다.

화장의 부산물로 새로이 등장한 것들이 생활용품 디자인이다. 화장술이 발전하기 이전에는 생활용품들이 단순히 기능만을 중시했으나 이제는 보기도 좋고 사용도 편리하게 만들어져 가구인지 장식품인지 구별하기도 쉽지 않다. 사람이든 가구든 예뻐서 좋다.

내가 살고 있는 곳은 임대 아파트였다. 그런 관계로 벽지, 바닥재, 씽크대 등 모든 가구들이 허름한 제품이었으나 내 마음대로 화장을 시키거나 성형수술을 할 수 없었다. 분양을 받은 후 차근차근 화장도 시키고 성형수술도 단행했다. 첫 번째로 아들 방 뒤쪽 벽을 허물고 베란다까지 방을 확장시키고 벽지를 바꾸고 베란다에 페인트칠도 다시 했다. 두 번째로는 우리 집안에 들어올 며늘아기를 위해 멀쩡한 화장실과 출입문을 새것으로 교체하고 거실벽은 편백나무로 둘러쳤다. 세 번째는 씽크대와 식탁 그리고 수납장들을 모두 교체했다. 끝으로 교체할 수 없는 문틀은 내 손으로 페인트칠을 하여 마무리하였다.

사람의 얼굴을 예쁘게 만들기 위해 하는 일이 화장이라면 집을 아름답게 만들기 위한 일이 리모델링이나 페인트칠이라 하겠다. 하지만 화장이나 덧칠을 함으로써 본연의 모습은 감춰지고 위장된 것만을 보여줄 뿐이다. 얼굴의 흉터나 주근깨 같은 것은 화장으로 덮어지고, 녹슨 부위는 덧칠로 위장될 수 있다. 이처럼 겉으로 드러난 것들은 화장이나 덧칠을 통해 꾸며질 수 있으나 볼 수 없는 내 마음은 무엇으로 꾸밀 수 있을까. 선한 마음, 봉사하는 마음, 사랑하는 마음을 가지면 마음은 아름답게 꾸며질 것이다.

해묵은 이력서

나의 하루의 일과는 이렇다. 할 일이 없으니 일찍 일어날 일 없고, 일찍 일어날 일 없으니 느즈막하게 일어나 아내가 차려 주는 아침밥을 넉살 좋게 받아먹고 TV 앞에 앉은 것이 요즘 내 하루의 시작이다. 온 종일, 고작 몇 장의 글을 읽고 몇 줄의 글을 쓰고 앞산에 올랐다가 아내가 널어놓은 빨래거리가 말랐는지 확인하여 개어두고 집안 청소로 하루를 마무리한다.

입장이 서로 바뀌어 남편은 집에 있고 남편 대신 아침에 가게에 나가는 아내에게는 "미안하오."라고 말하고, 저녁에 돌아오는 아내에게는 "이제 오시는가."라고 말하는 것은 덤이다. TV를 보면 아침부터 속이 뒤집어진다. 몇 안 되는 정치인들이 온 나라를 벌집 쑤셔놓은 듯 난리를 피우고 있으니 정신 말짱한 국민이라면 어찌 속이 편할

리 있겠는가. 그저 낭보라면 태극낭자들의 LPGA에서의 우승소식뿐이다. 이러한 세상에 내가 할 일은 무엇인가 하고 자신에게 물어보지만 뾰족한 답을 찾을 수 없으니 이 또한 답답한 일이로다. 이제 나에게 남아 있는 것은 과연 무엇인가! 좋은 세월은 바람 따라 구름 따라 스쳐 지나갔고 푸른 꿈도 사라졌다. 젊음을 주고 바꿔 마련한 집도 땅도 모두 내 곁을 떠났고 이제 달랑 하나 남은 것은 힘 빠진 몸뚱이뿐. 과연 이것으로 무엇을 할 수 있을까 하고 고민만 깊다. 그러기에 생각도 말도 행동도 분수에 맞추기로 작정한 지 이미 오래이고, 눈높이 또한 낮춘 지 하루 이틀 전의 일이 아니다.

이른 아침 눈을 뜨고 일어나면 짜여진 스케줄에 따라 세수하고, 밥 먹고, 가방 들고 출근하기 바빠 서둘러야 할 사람이 마치 넋 나간 사람 같았다. 머릿속은 멍하고 초점 잃은 눈으로 먼 산만 바라보며 오늘 하루는 무엇을 하며 보낼꼬 고민한다. 한심하기 그지없다. 남자라면 모름지기 아침밥을 먹으면, 논이든 밭이든 공장이든 대문 밖으로 나서야 한다. 하지만 이제는 현역에서 내려앉은 나에게 아내도 이웃도 위로한답시고 하나같이, '그동안 열심히 일했으니 이제는 편히 쉬라.' 고 말하지만 내 마음은 편하질 않다. 더 일하고 싶다. 앞으로 십 년이고 이십 년이고 내 팔다리를 내 의지대로 움직일 수 있는 한은 일하고 싶다. 십 년, 이십 년이 아닌 마지막 숨을 일과 함께하고 싶다. 평생을 건설현장을 누비며 살아온 나에게 요즘 같은 호사는 내 신념과 체질과는 거리가 멀다.

이처럼 일이 없어 애태우는 나를 보고 얼마 전, 제 엄마의 회갑을 맞아 집에 내려온 아들 녀석이 인터넷의 구인광고란을 찾아보라 하기에 요즘에는 컴퓨터와 함께하는 시간이 길어졌다. 아침에 일어나면 컴퓨터의 전원부터 켜고 새로이 등록된 구인광고란을 꼼꼼히 살펴본다. 하지만 내 전공분야나 나이, 경력에 맞는 것은 극히 찾아보기 어렵다. 하지만 젊은 사람들도 일자리 구하기가 힘든 이때에 포기할 수만은 없다. 지금까지 살아오면서 몸에 익힌 것이라곤 끈기 하나뿐이지 않은가. 끝까지는 해보아야 훗날 미련이나 후회는 없겠지.

각 회사마다 조금씩은 다르지만 입사지원양식에서부터 갖추어야 할 각종서류며 자격증들이 얼마나 많고 복잡한지 우리같이 나이 들어 컴퓨터에 익숙하지 못한 사람들은 여간 힘든 일이 아니다. 매번 아들에게 전화해서 물어 보니 전화를 거는 나도 힘들고 받는 아들도 짜증이 나나 보다. '닭 대신 꿩'이라고 아들이 짜증을 부리는듯하면 며늘아기에게 물어본다. 설마하니 어려운 시아버님께 짜증 부릴 수 있을까 하는 계획된 생각에서다. 예전에는 입사원서라고 해봤자 입사지원서에 빛바랜 증명사진을 붙인 이력서 한장이 전부였는데 지금은 자기소개서에 자격증 사본에 토익이나 토플점수 등등. 이처럼 구비서류가 많다는 것은 그만큼 일자리 구하기가 힘들고 경쟁이 치열하다는 것을 반증하는듯하다. 하지만 어찌하겠는가. 나는 '갑'이 아닌 '을'인데.

혹여 찾는 회사가 있을지도 모르니 회사마다 공통적으로 요구하는 서류는 미리 준비해 두는 것이 좋을 성싶어 이력서, 자기소개서, 자격증 원본 및 경력 증명서 등을 미리 준비하기로 했다. 내 생애 이력서를 여러 차례 작성해보지는 않았지만 작성할 때마다 연도가 다 다르다. 그도 그럴 것이 초등학교 때부터 대학교, 직장생활까지 손가락을 짚어가며 계산을 해도 헷갈린다. 자기소개서 역시 자기 자신을 남에게 소개하며 잘못된 것은 쏙 빼고 그럴싸하게 자신을 포장할 터인즉, 이 또한 요식행위 같아 식상하다. 성형된 얼굴, 화장한 얼굴을 마치 자신의 민얼굴인 양 내밀려 하니 이 또한 쑥스럽다. 하지만 어쩌랴, 하라면 해야지.

이러한 여러 가지 이유에서 표준 이력서를 만들어 놓기 위해 오랫동안 구석에 처박아두었던 먼지 쌓인 서류가방을 펼쳐보았다. 언제 어디에 쓰려고 만들어 놓은 것인지는 모르겠으나 긴 세월 동안 내팽개쳐진 서류뭉치 속에서 해묵은 이력서 한 장이 나왔다. 좌측 상단에 붙어 있는 사진은 나도 몰라보게 젊고 싱싱한 젊은이였다. 괜히 실없는 웃음이 입가에 번진다. 나도 이처럼 젊은 시절이 있었나 생각하니 왠지 가슴이 뭉클해진다.

아무도 알아주지 않은 궂은일을 하시는 분들 중에 젊은 시절에는 남들이 부러워하는 직장에서 폼 나게 일하셨던 분들도 많이 계신다. 하지만 지난날의 화려함을 뒤로하고 현실에 충실하시기에, 나이 들어서도 일하시는 분들을 보면 존경스럽다. 이러한 존경스러운 생각에 이분들을 만나면 내가 먼저 인사를 건넨다. 그래서인지 내가 사는 아파트에서는 내가 제일 인사를 잘한단다.

나이 들어서도 일한다는 것은 수입을 얻기 위함도 있겠지만 정신적으로나 육체적 건강을 위해서 얼마나 필요한가. 어려운 자식들에게 손 벌리지 않고 최소한 자신의 용돈은 자신이 해결할 수 있으니, 노인정이나 경로당에 가서 바둑 장기만 두시는 것보다야 훨씬 낫지 않겠는가. 아직까지 우리에게는 프로정신이 필요하다 하겠다.

입사지원관련서류를 준비하면서 혼잣말로 중얼거려 본다. '나를 직원으로 채용하시는 사장님은 대박 날 거다.'라고

5. 그렇게만 된다면

1옥타브 '도'와 2옥타브 '레'

어린 시절부터 나는 부러웠던 것들이 참으로 많았었다. 철없던 시절에는 기와집이 부러웠고, 마당이 넓은 집에 사는 사람들이 부러웠고, 울안에 샘이 있는 집이 부러웠다. 그래서 결심했었다. 어른이 되어 돈 벌면 제일 먼저 마당이 넓은 집을 사겠다고. 그런데 막상 어른이 되어서는 마당이 없는 아파트에 살고 있다. 해외에서 근무할 당시에는 여러 나라 사람들이 함께 일했으므로 영어만 사용했다. 영어회화에 둔했던 나는 영어회화를 잘하는 사람이 부러웠다. 그래서 또 결심했었다. 무슨 일이 있어도 영어회화만은 완벽하게 정복하리라고. 하지만 귀국 후 영어회화를 하지 않게 되자 그 결심도 아침이슬처럼 사라졌다. 기타든 피아노든 색소폰이든 멋지게 연주하는 사람들이 부러웠다. 그러던 어느 날, 나 자신을 돌아보니 지금까지 나는 남만 부러워하고 살아온 부끄러운 자신을 발견했다.

나이 들어 새로운 분야에 도전하는 데에는 시간적으로나 경제적으로 어느 정도의 여유는 있어야겠으나 가장 중요한 것은 용기다. 하지만 나 같은 서민은 여유를 갖추고 도전하려면 아무것도 할 수가 없다. 이러한 변명 같은 이유들이 내 삶의 갈증을 가로막고 있었다. '내 삶의 주인공은 나 자신이고 내가 연출자이고 내가 감독이고 내가 관객이다. 그리고 내 삶의 최종 평가자도 나다.' 라고 독하게 마음을 고쳐먹었다. 그리고 일단 일을 저질러버렸다.

긴 시간의 망설임 끝에 한 동네에서 취미로 음악을 하는 동생의 안내로 음악학원을 찾았다. 드럼과 색소폰을 가르치는 학원이었다. 부부가 함께 학원을 운영하고 있었는데 남편은 드럼을 가르치고 부인은 색소폰을 지도하고 있었다. 나는 색소폰을 선택했다.

번쩍이는 황금색깔이며 여러 개의 훈장 같은 이국적인 버튼들, 그리고 연예프로그램에 자주 나와 멋들어지게 연주하는 모습이나 매혹적인 음색 등도 고려가 되었지만 드럼보다는 운반이 쉽고 어디에서나 연습할 수 있었기 때문이었다. 그리고 내심으로는 이 정도는 내가 해낼 수 있겠지라는 자만심도 상당히 작용했다.

첫날 등록을 마치니, 넥(Neck: 사람의 목처럼 생겼다 하여 붙여진 이름, 색소폰 맨 윗부분으로서 입에 물고 입안의 공기를 본 통에 불어넣는 부분)을 주며 불어보란다. 행여 소리가 나지 않으면 얼마나 당황스럽고 창피스러울까 내심 걱정하며 힘껏 불어댔더니 "붕" 하며 소리가 났다.

일단은 성공이었다. 하지만 이곳에도 엄격한 규율이 있다. 선생님의 지도에 절대 따라야 한다. 한 단계가 끝나면 실기 시험을 치르고 통과해야만 다음 단계로 올라설 수가 있다. 수강생 마음대로 임의의 교재를 사용할 수도 없고 앞서나가서도 안 된다. 넥과의 지루한 씨름이 일주일 동안 이어지고 나서야 꿈에도 그리던 그 멋진 색소폰을 목에 걸 수가 있었다. 웬걸 노래 연습이 바로 시작되는 줄 알았는데 '도레미파솔라시도' 만 2주일, 그 뒤로도 2음절에서부터 7음절까지, 그리고 옥타브 연습까지 마쳐야 노래연습이란다. 시작부터 노래연습까지 빨라야 5~6개월이고 길게는 1년까지도 걸린단다.

음악의 시작도 첫 음인 '도' 이고 끝도 '도' 다. 많은 사람들은 첫 음인 '도' 가 별것 아닐 거라 하찮게 생각하지만 관악기에서는 1옥타브의 기본음인 '도' 가 가장 어렵단다. 약하게 불면 소리가 나지 않고 그렇다고 너무 세게 불면 '삐' 하고 이상한 음이 나서 당황케 만든다. 마치 어린아이가 첫걸음을 떼는 것 같이 어려운 것이 '도' 다. 그 다음 '레미파솔라시도' 는 그래도 수월하다. 그 다음이 2옥타브의 '레' 다. 색소폰은 다른 악기와는 달리 옥타브의 경계선에 옥타브 키(Key)가 있다. 1옥타브에서 2옥타브로 넘어 갈 때에는 옥타브 키를 누른다. 2옥타브의 첫 음 '도' 에서 2옥타브의 둘 째 음 '레' 로 넘어 갈 때에는 옥타브 키를 누르고 1옥타브 때의 '레' 와 동일한 버튼을 누르지만, 자칫하면 옥타브 키를 놓치거나 공기의 양과 세기를 잘못 조절해 연주를 망치는 경우가 아주 많단다.

나는 색소폰을 배우면서 상당히 예민해졌다. 첫째, 시작인 '도'를 하찮게 생각 말고 기본에 충실해야 한다는 것과 시간이 지나면 될 것이라는 안이한 생각을 버리라는 것. 둘째, 1옥타브에서 한 단계 높은 2옥타브로의 한 경계를 뛰어넘는다는 것은 차원이 다른 세계에 들어가는 것과 같다는 것을 깨달았다.

오늘도 나는 내일의 멋진 연주를 머릿속에 그리며 힘껏 색소폰을 불어본다.

봄을 맞이하며

4월 초순인데도 아직 밖의 날씨는 쌀쌀하다. 이른 아침 겨울용 체육복에 두터운 외투를 마치 투우사 망토처럼 걸치고 집안 한구석에 쌓아두었던 쓰레기를 징그러운 벌레 털어버리듯이 쓰레기집하장에 집어던져버렸다. 혹여 점잖치 못한 옷차림을 남들에게 들킬세라 급하게 집으로 돌아오면서 보니 아파트 정원에는 겨울 내내 외롭게 찬바람 맞아가며 그 질긴 생명력을 겨우 유지하던, 조금만 겨울이 길었더라면 아마 다시는 싹을 틔우지도 못 할 뻔한 어린 나뭇가지에도 물기가 올랐다. 사람들은 달력을 보아야 계절을 알지만 풀과 나무들은 용케도 제철이 되면 잎을 내고 꽃을 피운다. 그렇다면 지난 겨울은 유난히도 길고 추웠는데 풀과 나무들은 제철이 되었는지 어찌 알고 예년과 똑같은 시기에 참았던 숨을 길게 내쉬며 어리석은 인간들에게 인고의 슬기를 가르치는지 모르겠다. 그러고 보면 삼라만상이 모두 우리의 스승이겠지.

그러기에 인간은 소리 없이 스쳐가는 바람 속에서 멋진 시를 뽑아내고 밑으로 밑으로 흐르는 물에서 겸손을 배운다.

늦추위가 기승을 부리는데도 제철이 되면 겨우내 단단하게 다져진 흙을 헤치고 마치 갓난아이의 손가락보다 더 여린 새순을 틔우는 것은 풀과 나무들은 바깥 날씨에만 영향을 받는 것이 아니고 뿌리를 내리고 있는 땅속의 온도 변화에도 영향을 받기 때문이란다. 이처럼 인간들도 외부의 어려움이나 갈등만으로 인생사를 결론 짓지 말고 우리들 내면의 인품에 따라 행동한다면 노년에는 아름다운 결실을 맺으리라.

우매한 인간들은 자연은 아무것도 모를 거라 생각하겠지만 자연은 인간의 슬기보다 훨씬 앞서 세상의 이치에 대하여 더 많이 알고 있는 듯하다. 모진 시집살이에도 한마디 말대꾸 없이 묵묵히 참고 살아가는 미련한 며느리 같지만 언제 목련꽃을 피우며 어느 때쯤 개나리를 피워야 하는지를 자연은 다 알고 있다.

언제는 자연이 인간에게 싹을 틔우고, 꽃을 피우고, 열매를 맺어야 할지를 물어나 봤던가!

사람들은 봄이 되면 신명이 난다. 신체적으로는 추위에 움츠렸던 가슴을 활짝 펴고 온몸으로 봄을 맞이한다. 봄의 따뜻한 햇살은 겨우내 방안에만 웅크리고 있던 사람들을 밖으로 불러낸다. 따뜻한 봄이

왔으니 자연과 함께 신명나게 한판 놀아 보자는 듯이 사람들을 유혹한다. 꽃이 나비를 달콤한 꿀로 유혹하듯이, 밤이 되면 홍등가의 화려한 불빛이 지친 나그네를 유혹하듯이 산수유, 목련, 개나리, 벚꽃처럼 화려하고 향이 진한 꽃을 앞세운다. 이처럼 나긋한 유혹을 어찌 뿌리칠 수 있을까!

그러는가 하면 봄은 겨우내 묵은 김장김치만 먹던 우리에게 달래며 냉이며 연한 쑥 같은 봄나물로 또 한 번 우리를 시험에 빠뜨리고 인내의 한계를 느끼게 한다.

봄이 오면 사람들이 가슴으로 찡하게 느끼는 것은, 계절의 변화에 따른 생명력의 태동에 대한 경외감이다. 배우지도 않았을 터이고 가르쳐주지도 않았는데 봄이 되면 죽은 줄만 알았던 삼라만상이, 마치 밤에 잠들었던 사람들이 아침이 되면 모두 잠자리에서 일어나듯이 어찌 알고 일제히 잠에서 깨어 새 생명을 잉태 시키는지 모르겠다. 자연의 섭리는 이처럼 놀랍고도 위대하다.

그러기에 우리들은 4계절 중에 유독 봄에게만 새롭다는 의미의 '새'자를 붙여 마치 새로운 애인의 애칭을 부르듯이 '새봄'이라고 불러준다. 새 여름, 새 가을, 새 겨울이라고는 부르지 않는다.

봄이 오면 우리들은 귀한 손님이라도 맞이하는 양 야단을 떤다. 우선 굳게 걸어두었던 창문을 열고 집안 구석구석에 쌓였던 먼지를 털어 버리고 신선한 봄기운을 집안으로 끌어들인다. 그리고 마치 칡넝쿨처럼 치렁치렁한 커튼을 열어 젖이고 봄 햇살을 귀한 손님처럼 방안으로 모신다. 여기에 수줍은 봄꽃 몇 송이가 함께한다면 더 없이 화려한 봄맞이가 되겠다.

이같이 화창한 봄날에 정원이 내려다보이는 베란다에 앉아 김이 나는 향기 진한 커피를 정다운 이와 함께 나눈다면 이곳이 바로 천국이리라. 그렇다면 천국은 바로 내 손안에 있다.

똑바로 살려면

사람들은 본의든 실수든 간에 때때로 정도에서 어긋나는 일을 저지르곤 한다. 여기에서 하는 정도는 사람이나 상황이나 조건에 따라 다를 수는 있으나, "특별한 전문지식을 갖지 않은 보통사람들이 일반적인 상식으로 판단하였을 때에 긍정적인 평가를 받음을 의미한다."는 것을 전제로 한다. 오늘날 많은 사람들이, 그것도 국민들에게 모범을 보여야 할 사회 지도층 인사들이 모범은커녕 규탄 대상 제1호로 손꼽히고 있으니 가슴 답답할 일이다. 정치인들이 이처럼 국민들로부터 외면당하고 따가운 눈총을 받는 것은 국민들의 판단으로는 정치인들이 정도에 벗어난 행동을 한다는 것이다. 그 많은 의원들이 그 넓은 국회에서 무엇을 하기에 일명 김영란법이 국회에서 3년 6개월이나 잠자고 있었나. 그 누구 하나 신경 쓰지 않았다는 말이다. 그러면서도 법을 제정할 때에는 철저한 검증을 해야 한다나. 국회에다 막걸리를 3년 6개월 놔두었으면 아마 소주 정도는 됐을 긴 시간이다. 의원들이 국회에 출근해서 밥하고, 빨래하고, 청소하고, 밭 매고, 김장 하지는 않을 터인데. 세월호는 선체 인양을 할 건가, 말 것인가? 왜 이 나라에는 책임지는 사람 하나 없고 속 시원히 말해주는 사람 하나 없는가. 그리하면서도 도대체 이 사람들은 무슨 화장품을 쓰기에 국민들이 욕하는 줄도, 낯 뜨거운 줄도 모르고, 선거철만 되면 국민을 위하여 열심히 일하겠으니 자신에게 표를 달라고 고래고래 목이 터져라 외쳐대는지 모르겠다. 그것도 모자라 처자식까지 동원하여 출퇴근길 큰 사거리에서 마치 죄인이라도 되는 것처럼 오가는 행인들에게 정중히 절하게 만드는 것을 보면 그 자리가 좋긴 좋은가 보다. 국민들은 정치인들에게 거창한 것을 기대하지도 않는다. 기대했다가 너무나 실망했기 때문에, 그저 정도를 따르기만을 바랄 뿐이다. 우리나라 정치인들이 이 정도를 밟는 것이 그리도 힘들까?

정도를 지키는지 지키지 않는지를 판단하기 어려운 것은 수영 경기장이나 달리기 경기장처럼 굵고 선명하게 선이 그어져 있는 것도 아니어서 자로 잴 수도 없고 저울에 달 수도 없기 때문이다. 그저 많은 사람들이 호평을 하면 정도 안에 있고, 악평을 하면 정도를 벗어난 상태라 하겠다. 이른 새벽, '고속버스 안에서 전화 목소리는 몇 데시벨 이하여야 한다.' 라는 기준은 없다. 하지만 옆 사람의 안면을 방해하지 않으려고 목소리를 죽여 가며 손으로 가리고 목소리가 새어

나가지 않게 최대한 노력한다면 그 행동은 정도라 하겠다. 수필수업 시간에 전화벨 소리를 진동으로 놓는 것 역시 정도라 하겠다. 늦은 밤, 아파트에서 아이들이 뛰지 않도록 말리는 것 역시 정도다. 이 세상에는 모든 생각과 행동이 정도와 비정도로 2분화 되어 있다.

그런데 수영경기나 달리기시합처럼 단 한 번이라도 자신의 레인(Lane)을 벗어나 타인의 라인(Line)을 밟으면 영원히 실격되는 것도 있지만, 한 번 정도를 벗어났다 하여 그 사람을 영원한 비정도자로 치부하는 것은 살인행위와 같다. 수업 시작 전에 전화벨을 진동으로 해야 했음에도 깜빡 잊고 그냥 참석했다가 수업 도중에 전화벨이 울리자 당황해하는 사람들, 비록 전화벨이 울려 분위기를 산만하게 만든 행위는 정도를 벗어난 일이지만 미안해하고 쩔쩔매는 행동으로 정도를 벗어난 행위에 대한 감형減刑을 받은 셈이며 전화기의 전원을 끄거나 진동으로 전환시키면 된다. 전화벨이 시끄럽게 계속 울리고 있는데도 아무런 조치를 취하지 않는다면 우리들은 짜증을 부리며 눈살을 찌푸릴 것이다. 성질 사나운 나 같은 사람은 벌떡 일어나 '조용히 좀 하시오.' 하고 큰소리 칠 것이다. 그러다 보면 시비가 붙어 큰 싸움으로 번질 수도 있고……. 중요한 것은 자신의 잘못으로 이웃에게 조그마한 피해라도 끼쳤다면 미안해하고 송구스러워하는 자세다. 우리나라 사람들은 양반체면 때문에서인지 웬만한 일에 대해서는 왈가왈부 따지려들지도 않고, 자신의 실수를 인정하고 용서를 구하는 일에 관해서는 어느 나라 사람들보다 후하다. 때문에 자신의 잘못을 인정하고 용서를 빌면 된다. 그런데 요즘은 엄청난 잘못을 저질러 놓고도 자신의 잘못을 인정하려 들지 않으니, 주위 사람들은 오기가 발동하여 돋보기를 들이대고 숨겨져 있던 잘못까지도 찾으려 덤벼든다. 자신의 잘못을 숨기려고 애쓰는 사람치고 남의 잘못을 용서함에 후한 사람은 없다.

어찌됐건 살아남기 위해 때론 힘 있는 자 앞에서 허리를 굽히기도 하고, 속에도 없는 말들을 하지만 그래도 지조만은 가슴속에 담아두고 산다. 비록 힘 있는 자 앞에서는 그를 존경하는 척하지만 진정 우리가 존경하는 사람은 따로 있다. 그분은 실로 초라한 사람, 평생 남의 것이라곤 곁눈질로라도 쳐다보지도 않고 묵묵히 정도를 지키며 살아온 사람. 이러한 사람이 진정 이 시대의 스승이다. 그러면 이 정도라는 것이 그렇게 어려운 것인가. 아마 초등학교 2학년 도덕책 정도의 수준이 아닌가 싶다. '학교 갈 때 차 조심하고, 학교 가서 선생님 말씀 잘 듣고, 친구들과 싸우지 말고 사이좋게 지내고, 공부시간에 해찰 말고, 공부 끝나면 중간에 놀지 말고 곧바로 집으로 와서 엄마, 아빠 도와드려라.' 하는 수준이 아니겠는가 싶다. 나는 오늘도 어떤 모습으로 살아가고 있는가? 최소한 어린 손녀에게만큼이라도 부끄러운 할아버지가 되지 않게 살아가려 한다.

80세, 너무 멀리 잡았소

우리 집안은 단명短命의 유전인자를 다분히 보유하고 있는 것 같다. 아버님은 55세에, 어머님은 56세의 젊디젊은 나이에 어린 자식들만 남겨두고 훌훌 하늘나라로 가셨다. 모진 병마와 싸우시다 어찌할 수 없어 가셨지만 뒤에 남은 자식들은 예리한 칼로 온몸을 베이는 듯한 고통을 참고 견디어야만 했다. 지나온 세월을 어찌 세 치도 안 되는 혓바닥으로 다 형용하리오. 두 번 다시는 뒤돌아보고 싶지 않다. 그동안 흘렸던 땀을 모으면 태안반도 염전보다도 컸을 것이며, 흘렸던 눈물을 모으면 커다란 강보다 작지는 않을 것이며, 땅이 꺼지도록 몰아 쉰 한숨을 모으면 아마 태산도 날려버릴 만큼 대단했으리라. 그러면서 생각한 것은 부모는 자식이 어느 정도 성장했을 때까지는 살아 버팀목이 되어주어야 한다는 것이다. 그 시점을 최소한 자식들의 짝을 맺어주는 때로 나 나름대로 설정해 보았다. 하지만 어찌하리오 인명은 재천인 것을…….

가난과 고통은 때로는 인간을 약하고 비굴하게도 만들지만 때로는 강하고 독하게도 만든다. 조그만하고 약한 지네나 전갈, 독사가 치명적인 독을 가진 것은 꼭 남을 해치기 위해서라기보다는 자신을 보호하기 위함일 것이다. 마치 작은 고추가 맵다는 우리 속담은 작은 놈이 맵지도 않으면 뒷전으로 밀리어 도태당하기에 살아남기 위한 몸부림일 것이다. 그래서인지 나는 작지만 맵다.

그런데 뜻밖에도, 단명을 숙명처럼 여기고 사는 우리 집안에 돌연변이로 한 분이 나타나셨다. 그분이 바로 사촌 형님이시다. 나의 아버님과 어머님 그 중간에 계신 형님이 바로 이분이시다. 아버님과는 두 살 터울이니 말이 형님이지 실제로는 작은아버님 같은 존재셨다. 이 형님은 천운을 입고 태어나신 것 같았다. 6 · 25가 한창인 젊은 시절에 경찰로 근무하셨다. 어느 날 지리산 공비토벌작전에 참전하셨단다. 당시 군복 상의에는 가슴 높이쯤에 좌우로 주머니가 있었다. 공교롭게도 그날 군복 상의 왼쪽 주머니에 나무 도장을 넣고 갔더란다. 적과 한창 교전 중에 적이 쏜 총알이 그 나무 도장에 맞아 형님은 목숨을 구하셨단다. 참으로 〈전설 따라 삼천리〉 같은 이야기지만 이것이 천운이 아니고 무엇이란 말인가. 그렇게 살아남아 결혼하여 다복하게 사시다가 두 해 전에 92세로 세상을 떠나셨다. 이 형님이 우리 집안의 최장수 기록을 세우신 거다. 이에 후손들은 고무되어 자신들도 장수할 수 있다는 희망을 갖게 되었다. 하지만 장수가 능사는 아니다. 형님이 그 연세까지 사시는 동안 아내를 앞세워 보냈고 딸 하나, 사위 둘을 잃는 못 볼 꼴도 당하셨다. 그러하니 꼭 오래 산다고 좋은 것만은 아닌 성싶다. 적당한 때에 가는 것도 행복이 아니겠는가.

철이 들어 생각해 보니 친가는 심혈관 계통의 질환이, 외가는 고혈압 계통의 질환이 있음을 알게 되었다. 그러니 나는 양가의 질환을 모두 유산으로 물려받아 두 질환 모두를 보유하게 되었다. 실로 어처구니없는 유산이다. 하지만 누구를 탓하랴. 이것이 내 운명이려니 생각하며 매사에 조심하고 또 조심하는 수밖에…….

지금은 백세 시대라 하여 온 국민들이 마치 백세까지 살 수 있을 것으로 착각하는 것 같으나 우리 모두가 백세까지 살 수도 없으려니와 백세까지 산다 해도 문제다. '우리나라 연령별 인구수' 조사에 의하면, 현재의 나이가 67세라면 90세까지 생존할 수 있는 확률은 5%다. 90세가 되면 100명 중 95명은 다 저세상으로 가고 5명만 생존한단다. 설령 100세까지 산들 어디서 누구와 어떻게 살 것인가를 먼저 생각하고 대책을 세워야 한다. 구차하게 생명만 연장한다면 무슨 삶의 의미가 있겠는가. 나이 들면 병들기 마련이고 아프면 치료해야 하나 거들떠 봐주는 이 없으면 이 또한 설움이며, 춥고 외로운 곳에서 남의 도움의 손길만 기다리는 추한 노인으로 남지 않을까 걱정된다. 요즘 시골에 좀 크다는 건물이 들어섰다 하면 노인 요양병원이다. 물론 노인을 잘 모셔야 함은 우리의 의무요 사명이다. 하지만 노인이라고 무턱대고 대우만 받으려 한다면 나라꼴이 무엇이 되겠는가. 요즘 젊은이들의 힘들어하는 모습을 눈여겨 살펴본다. 노인 요양 시설도 중요하겠지만 젊은이들의 미래를 위한 투자가 더 절실하지 않은가 이 시간 생각해 본다. 나도 머지않아 노인이 된다.

얼마 전쯤 아내와 이야기를 나누었다. 이야기 끝에 나는 절대로 오래 살기를 원치 않으니 "한 80살 정도까지만 살았으면 좋겠네."라고 말했더니 아내는 "80이요? 너무 멀리 잡았소." 내가 80이라고 말하면 '90 아니면 100살까지는 사셔야죠.'라는 말을 은근히 기대했는데 괜히 실없는 소리를 한 것 같아 뒷맛이 썼다. 물론 아내의 진심이 아님을 잘 알지만 그래도 언중유골이란다.

80까지 산다 해도 겨우 15년이 남았다. 내가 살아온 삶의 사분의 일도 채 남지 않았다.

그동안 살아오면서 아무런 삶의 발자취도 남기지 못했는데 15년을 더 산다 해서 무엇을 남길 수 있으리오. 삶이 아쉽고 죽음이 두려워서가 아니고 죽음으로 나의 모든 것이 잊힐까 두렵다. 이제 남은 시간이 그리 길지 않으니 더욱 알차고 보람 있게 살아야겠다.

그래, 용기가 필요하지

세상이 어떤 곳인지, 인생이 무엇인지 채 깨닫지도 못하고, 꽃 한 번 피워보지도 못한 15, 6세의 젊은 소년들. 얼굴에는 막 무르익은 복숭아처럼 애숭이 털이 보는 이의 마음을 더욱 저리게 하는 싱싱한 것들.

그들이 어른들의 탐욕과 그릇된 판단, 그리고 옳지 못한 제도와 명분 때문에 소위 '가미가제'를 타고 한없이 넓고 푸른 태평양 바다 위에 점처럼 떠 있는 미 군함을 향하여 돌진했을 때에 그들은 과연 두렵지 않았을까? 대공 포탄이 빗발치는 적의 포위망을 뚫지 못하고 차갑고 어두운 천 길 물길 속에 수장되는 것이 그들은 두렵지 않았을까? 설령 적의 포위망을 뚫었다 해도 적의 군함에 돌진하는 순간 자신은 산화되어 한 줌의 재가 된다는 사실을 그들은 몰랐을까? 그들은 이러한 사실을 잘 알고 있었다. 그리고 살아서는 두 번 다시 사랑하는 가족과 친구, 이웃을 볼 수 없으며 고향에 돌아갈 수 없다는 사실에 그들은 전율과 공포에 떨었을 것이다. 하지만 겉으로는 두렵지 않은 척하며 조국을 위해 이 한 목숨 기꺼이 바치겠노라 외쳐댔다. 이것은 만용이다. 하지만 만용일지라도 그들에겐 용기가 있었다.

노틀담의 꼽추가 어찌 감히 기고 뛰고 나는 사람들마저 기가 죽어 접근조차 꺼리는 당대의 미인을 짝사랑할 수 있었을까? 미인을 사랑하는 꼽추에게 갈등은 없었을까? 주위 사람들의 따가운 시선과 냉대, 비웃음을 꼽추는 어떻게 소화시켰을까. 그리고 짝사랑한 여인으로부터 버림을 받는다면 그 상처는 무엇으로 치료할 수 있었을까. 꼽추도 갈등이 많았을 게다. 육신이 꼽추이지 정신마저 꼽추는 아니었을 터이니! 하지만 꼽추는 용기를 냈다. 그 용기에 갈채를 보낸다. 젊은 시절, 나는 거절당할 것이 두려워 사랑고백을 미루었고 사랑고백을 기다리던 여인은 더는 기다리지 못하고 떠나버렸다. 그리고는 다 잡은 고기를 놓친 낚시꾼처럼 반세기가 지났음에도 못 잊어 한다. 왜 나는 무엇이 그리도 두려워 솔직하지 못했던가. 왜 나는 나 자신마저도 속이고 기만하면서 겉으로는 태연한 척했던가. 나는 꼽추만도 못했다. 용기가 없는 사람은 비겁자다.

로미오와 줄리엣은 또 어찌했던가. 두 집안의 극렬한 반대에도 불구하고 신분과 사회적 명성을 초월하여 죽음을 불사하고 두 남녀는 열렬히 사랑했다. 비록 두 사람의 사랑이 죽음으로 끝을 맺었으니 불행한 사랑, 실패한 사랑이라고 간과할 수는 있으나 죽음마저도 불사한 사랑이었다면 결코 불행한 사랑이 아니었다고 생각한다. 그들의 영혼은 사랑의 무대를 이승에서 저승으로 옮겼을 뿐 그들의 사랑은 영속되었을 것이다. 죽음을 불사한 사랑! 이것 역시 용기가 필요했다.

어린 시절, 나보다 6년 정도 손위인 집안형님이 계셨다. 넉넉지 못한 시골살림이어서 많이 배우지는 못한 것으로 기억하나 어쩌다 한 번 우리 집에 오는 날이면 초라한 여행가방 속에 어김없이 두툼한 대학노트의 일기장이 들어 있었다. 비록 배움의 길은 짧았지만 배우지 못함이 한이 되어 늘 공부하는 분이셨는데 언제부터인가 발길이 뚝 끊기고 말았다. 철이 들어 알게 된 사실이지만 이 형님이 맺어질 수 없는 사랑, 유부녀를 사랑했고 그 좌절에서 벗어나지 못하고 그만 극단적인 결정을 하고 말았단다. 죽을 용기가 있다면 그 용기로 살 수 있을 거라 사람들은 쉽게 말하지만 사랑을 잃은 자에게 무슨 용기가 있었겠는가. 용기는 우리를 지탱해주는 마지막 보루다. 용기를 잃으면 모든 것이 끝이다.

지금으로부터 먼 옛날, 평강공주와 온달장군의 사랑 역시 장구한 세월이 흘렀지만 지금도 우리의 마음을 애잔하게 만든다. 서로의 사랑이 얼마나 각별하고 상대에 대한 배려와 자신의 희생이 얼마나 컸기에 지금까지도 사랑의 교과서로 불리고 있다. 일찍이 아버님을 여의고 편모슬하에서 배우지도 못하고 나무장사꾼으로 근근이 살아가니 주위 사람들로부터 바보 취급을 받아온 온달이 명색이 인물 좋고, 마음씨 곱고, 살림솜씨 야무진 일국의 공주를 어찌 감히 연인도 아닌 부인으로 맞아들일 수 있었겠는가. 가히 하나밖에 없는 목숨을 내놓을 일이다. 따라서 사람들은 일국의 공주를 아내로 맞이한 온달이 행운아이며 불세출의 영웅으로 추앙하지만 나는 눈높이를 낮추고 바보 취급을 당하는 온달을 서방으로 맞이하여 주경야독 혹독한 수련을 통해 고구려의 장군으로 만들어 놓은 평강공주의 용기에 더 많은 갈채를 보낸다.

가미가제를 몰고 적함에 뛰어든 용기는 만용이고, 노틀담의 꼽추의 사랑은 자신의 처지를 망각한 억지 용기이고, 로미오와 줄리엣의 사랑은 젊음의 용기이다. 위의 사랑들이 눈높이를 높인 사랑이라면 평강공주의 사랑은 눈높일 낮춘 사랑이다.

눈높이를 높인 사랑이든 눈높이를 낮춘 사랑이든 모두 용기가 필요하다. 사람들은 눈높이를 높인 사람들에게는 갈채를 보내지만, 눈높이를 낮춘 사람에게는 마치 인생의 낙오자인 양 냉소를 보낸다. 용기가 사랑에서만 필요하겠는가. 총을 들고 전쟁터에 나가는 군인에게만 필요한 것이 아니다. 삶의 전반에 용기가 필요하다. 우리는 때때로 선택의 기로에 서게 된다. 현명한 자만이 옳은 선택을 할 수 있지만 용기 있는 자만이 행동으로 옮길 수 있다. 옳은 선택과 용기 있는 행동이 하나가 되었을 때에 우리는 앞으로 나아갈 수 있다. 옳은 선택이 꼭 위쪽만을 향한 것이 아니고 때로는 아래를 향하는 것도 옳은 선택이 될 수 있다.

나는 이제 나의 처지에 맞게 눈높이를 낮춘 생각과 말과 행동으로 남은 삶을 살아가련다. 이것이 진정한 용기가 아닐까 생각한다.

일요일 오후

오늘은 화요일이다. 어제 저녁부터 가을 하늘답지 않게 진한 회색빛을 띠었다. 일기예보를 들으니 화요일에는 비가 올 거라는 예보다. 금년에는 이른 봄부터 늦은 가을까지 비다운 비가 없어 유례없이 가뭄이 심하여 생활용수뿐만이 아니고 식수마저 고갈되었다. 일부 지방에서는 비상대책을 강구하고 있다니 뒤늦은 감은 있으나 그나마 다행이다. 이왕지사 오는 비라면 일부 도로가 유실되고 농경지가 침수되고 산사태가 나더라도 물 걱정 없이 살아보게 흡족하게 내려주었으면 좋으련만 가을비가 내리면 얼마나 내리겠는가. 세상 살다 보니 하늘에서 거저 내려주던 비마저도 인색해져 사람들을 힘들게 하고 있다. 비가 오면 또 한 가지 좋은 것이 있다. 밖의 청소를 안 해도 된다. 그리고 어린이 등굣길 교통안전지킴이 역할을 안 해도 된다.

아침 일찍 일어나 비가 와 주었으면 하는 기도하는 마음으로 창밖을 보니 원하는 대로 비가 오긴 하나 영 신통치가 않다. 이처럼 비실비실 내리다가 그쳐버리면 어찌하나 하는 불안한 마음으로 아내가 차려주는 아침상도 마다하고 빈속으로 출근길에 올랐다. 새벽 5시다.

사방은 칠흑같이 어두운데 아파트 내 가로등 빛이 새벽길에 나서는 무거운 발길을 비쳐준다. 10월 하순, 깊어가는 가을, 이른 새벽, 가을비, 어둠, 가로등 불빛, 떨어진 낙엽, 신선한 새벽공기. 이 모든 것들이 전혀 어울릴 것 같지 않으나 묘한 분위기를 연출한다. 자연이 빚은 앙상블이다.

빗줄기가 다소 세어졌다. 불안했던 마음이 다소 풀린다. 떨어진 낙엽은 마치 침대에 누운 것처럼 땅바닥에 몸을 붙이고 있다. 잠시 멍한 생각에 잠긴다. 낙엽, 이른 봄에 새순을 틔우고 여름철에는 푸르름을 자랑하던 나뭇잎이 가을철의 낙엽을 상상이나 해보았을까. 백 년이고 천 년이고 푸르를 것이라 자만했을 것이다. 인생도 한 번 지고 나면 끝일 터인데 평생 청춘인 줄 알고 기고만장한 세월. 떨어진 낙엽과 내 인생을 겹쳐 생각해 보았다. 낙엽이 마치 생을 마치고 떠난 시골 할아버지 같은 생각에 경건한 마음으로 조심스레 낙엽을 밟는다. 저 낙엽도 가지에서 떨어지지 않으려고 얼마나 몸부림쳤을까. 자연 하나하나가 모두 안쓰럽다. 낙엽을 쓸 적마다 힘겨움에 치를 떨었는데 한 번만 입장을 바꾸어 생각하면 전쟁터에서 숨져 사라져간 전우처럼 기도하는 마음으로 거두어야겠다. 어두움은 걷혔지만 비는 계속 내리고 있다. 비야 비야 내려라, 하루 온 종일 내려라. 이른 새벽부터 쓸데없는 생각을 너무나 많이 한 것 같다.

아침 일찍 출근하여 전일 근무자와 업무 인수 인계를 마치면 밖의 청소부터 시작한다. 봄철에는 전지작업, 여름철에는 잡초제거 작업, 가을철에는 낙엽 청소다. 침엽수는 활엽수에 비해 낙엽의 양도 적고 덜 지저분한 것 같으나 청소하기에는 침엽수가 훨씬 힘들다. 이유는 바닥에 딱 달라붙어 있어 빗자루가 닿는 부위가 적기에 쓸어도 쓸어도 쓸리지 않기 때문이다. 마치 저녁밥을 못 얻어먹은 심술궂은 시어머니 같다.

저녁에는 택배와의 전쟁이다. 우리 때에는 양말 하나 신 발 하나 사는 데도 직접 시장까지 걸어나가 이집 저집 돌아다니면서 눈으로 보고, 손으로 만져 보고, 신어 보고, 입어 보고 하며 물건을 골랐는데 요즘은 인터넷의 발달로 안방에 앉아서 생필품들을, 심지어는 여자들의 속옷까지도 모두 홈쇼핑으로 주문들을 한다. 그러니 많을 때에는 수십 개의 물건이 작은 사무실에 수북이 쌓여 발 디딜 틈조차 없다. 이럴 때면 정말 짜증이 난다.

나무도 수종에 따라 낙엽이 드는 시기가 다르고, 같은 수종이라 해도 심겨진 장소에 따라, 햇빛의 양에 따라, 윗부분과 아래부분에 따라 낙엽이 지는 시각이 다르다. 그러니 초가을부터 초겨울까지 낙엽은 계속된다. 쓸고 뒤돌아서면 또 떨어진다. 한 번에 낙엽이 폭탄 맞은 듯 와르르 떨어지면 얼마나 좋을까.

밤 12시부터는 새벽 4시까지 한 시간씩 군대의 보초처럼 순번대로 돌아가며 야간순찰을 돈다. 며칠 전에는 내 앞 근무자가 나를 깨웠다는데 대답만 하고 일어나지 못했다. 내가 중간에 펑크를 내고 말았으니 뒤로도 줄줄이 펑크를 내고 말았다. 이처럼 지루하고 팍팍한 일과가 계속된다. 가끔씩은 현실에서 벗어나고 싶다. 그래도 세월은 간다.

하지만 일요일에는 사정이 다르다. 2인 1조 24시간 맞교대를 하기 때문에 두 주일마다 한 번씩 일요일 근무다. 일요일에는 택배가 없다. 오전일과를 마치면 오후는 그래도 상당히 자유스럽다. 이 시간을 이용하여 평일에는 할 수 없었던 글을 써 보려 한다. 이제는 지금 하고 있는 일에도 다소 이력이 붙었고 돌아가는 분위기도 파악했다. 아무리 자연스럽다 해도 일터인데 무슨 좋은 글을 기대할까만 시도하지 않음보다야 나을 것이다.

그렇게만 한다면 일 년이면 25편이고 이 년이면 내 몫으로 한 권의 수필집을 내 놓을 만한 양이다. 물론 이것은 어디까지나 나만의 생각이다. 하지만 생각이 있어야 실천이 있고, 실천이 있어야 결과가 있다. 그 결과의 좋고 나쁨은 또 별개의 것이다. 삶도 이와 똑같다. 사람마다 자신의 삶을 살아가지만 그 결과가 어찌될지는 아무도 모른다. 자기 삶의 결과를 모르기에 좋은 결과를 맺기 위해 열심히 산다. 부지런히 써 보아야 좋은 글을 얻을 수 있기에 나 또한 열심히 써 보련다.

정말 몰랐다

퇴임은 아름다운 물러남이다. 그런데도 퇴직자는 곧 실업자라는 등식을 들이댄다. 이유는 퇴직 후의 삶이 현직에 몸담았던 기간만큼 길어졌기 때문이다. 그래서 많은 퇴직자들이 더 일하기를 원하나 현실은 녹록지가 않다. 요즘의 퇴직자들, 60세 전후의 퇴직자들은 젊은 시절 우리나라의 산업발전을 이끈 역군들이었다. 억척같이 일해 집도 장만하고 자식들도 부럽지 않게 교육시켰으나 정작 자신들을 위해서는 한 푼도 투자하질 못했다. 그러다 세월에 밀려 아무런 대책도 없이 정년을 숙명처럼 맞이했다. 나도 그중의 하나였다.

길가에 뒹구는 낙엽이 나의 처지와 같다는 생각에 측은한 생각이 든다. 낙엽 신세가 되기 전에는 정말 몰랐다. 설마하니 은퇴 후의 생활이 이러리라고는 상상도 못했다. 너무나도 안이하고 막연하게 은

퇴를 맞이했다. 하지만 퇴직 전과 퇴직 후에 놓이는 처지는 극과 극이었다.

나는 건설회사에서 근무했기에 현장사무실에서 은퇴를 맞이했다. 먼저 책상을 치우고 숙소의 자질구레한 옷가지와 집기를 챙기니 겨우 승용차 한 대 분뿐이었다. 33년 동안 우리 가정을 지켜준 고마운 회사였다.

집에서 며칠을 쉬고 나니 쉬는 것도 일하는 것만큼이나 힘들었다. 게을러지고, 무기력해지고, 짜증은 늘고 머릿속은 멍하니 갈피를 잡을 수가 없었다.

퇴직한 다음 달부터는 적지 않은 의료보험료가 부가되었다. 지인들을 통해 여기저기 일자리를 알아보았으나 모두 실망스러운 소식뿐이었다. 집에만 있다 보니 친구들에게서 전화가 오면 만나야 하고, 만나면 술 마시고, 술 마시면 돈 나가고, 돈 나가면 호주머니가 비게 되고, 호주머니가 비게 되면 아내에게 손을 벌려야 했다. 그것도 한두 번이지 자주 손을 벌리게 되니 염치도 없고 체면이 구겨졌다. 내색은 안 했지만 아내도 짜증이 났을 것이고 그런 나는 자꾸만 작아져 갔다. 궁여지책으로 실업수당을 받으러 고용센터를 찾았을 때에는 죽는 것만큼이나 창피했다.

퇴직은 물러났을 뿐이지 창피해야 할 일은 아니다. 하지만 대인기피증이 생기고 방안에만 박혀 있었다. 밖에라도 한 번 나갈 때면 주변사람들과 마주칠까봐 어두운 밤에만 나갔다. 마치 죄인처럼 모자를 깊게 눌러쓰고 아파트 맨 가장자리 길로만 다니게 되었다. 그러한 나에게 누나가 수필반을 소개해 주었고 일 년 동안 열심히 글쓰기에 몰두한 결과 그해 겨울에 등단도 하고 마음의 안정도 찾기 시작했다.

그해 겨울 하나밖에 없는 아들이 결혼한다기에 마지막 보루로 숨겨둔 비자금마저 모두 내어주고 말았다. 그야말로 백수에 무일푼이 되고 말았다.

그래도 시간은 잘도 흘러갔다. 내가 집에서 쉬고 있다는 것을 아는 조카에게서 연락이 왔다. 급히 자기네 회사로 와 달라는 전화였다. 좋은 소식이 있으려나 하는 생각에 단숨에 달려갔다. 유리 관련업을 하는 조카가 'KS 표시 인증서 취득관련 업무' 를 해 달란다. 그런 것이라면 내 전문분야가 아니던가. 이 직장을 나의 평생직장으로 만들어야겠다는 생각에 일 년 동안 열심히 일해 관련 인증서를 취득해 주었으나 토사구팽의 신세가 되고 말았다. 애시 당초 큰아버지의 대우를 받으려 한 것은 아니었지만 어린 조카들과 회사 운영방식을 놓고 자주 의견대립이 생겼다. 처음의 각오는 사라지고 내 발로 걸어나왔다. 다시 느는 것은 술과 담배 한숨뿐이었고 비어가는 것은 호주머니뿐이었다.

또 다시 백수 신세가 되었으나 이래서는 안 되겠다는 생각에 아침 일찍이 일어나 앞산에 오르고 그동안 접어두었던 전공서적도 꺼내보며 심기일전했다. 쉬지 않고 열심히 취업박람회며 구인광고란을 뒤지고 여러 곳에 이력서도 제출해 봤지만 전화 한 통 없었다. '비록 나이는 좀 들었지만 이만한 학력에 경력이라면 웬만한 중소기업에서는 서로 모셔갈 것이다.' 라는 생각은 나만의 착각이었다.

처음 몇 달 동안은 명색이 화려한 경력만 믿고 소위 대기업에만 응시를 했다. 대기업일수록 갖추어야 할 서류들은 어쩌면 그리도 많던지. 토익이나 토플점수, 각종 자격증, 경력 증명서, 자기 소개서 등을 꼼꼼히 정리하여 송부해도 함흥차사였다. 퇴직자들의 일자리란 현직의 연장선이거나 대부분 단순노동일 터인데 토익이나 토플점수는 무엇에 필요하며 자기소개서는 또 뭐란 말인가. 이로 인한 스트레스가 적지 않았다.

자존심은 조금 상하지만 눈높이를 조금 낮추어 중소기업에 지원했다. 하지만 이 또한 소식이 없자 희망연봉도 낮추고 희망근무지역도 연고지에서 전국구로 늘렸다. 그래도 전화 한 통 없었다. 시간이 흐를수록 마음은 초조하고 불안해져갔다. 이토록 많은 시련을 겪고서야 깨달았다. 남이 원하는 것에 나를 맞추어야지 남이 나에게 맞추어주기를 바라서는 안 된다는 것을……. 그리고는 눈높이를 완전히 낮추었다. 아니 아예 눈높이를 없앴다. 그리고 지인의 소개로 내가 살고 있는 동네의 아파트 관리원으로 재취업에 성공했다. 처음에는 아는 사람을 만나면 창피해서 내가 먼저 고개를 돌리고 피했다. 하지만 피해서 될 일이 아니었다. '아파트 관리원이 뭐 어때.' 하며 생각을 바꿨다. 할머니들이 무거운 짐을 들고 가시는 것을 보면 달려가 들어주고 내가 먼저 인사하고 열심히 쓸고 닦았다. 그런데 이게 웬일인

가. 친절하고 성실한 관리원이라는 말이 돈단다. 지나가다 살며시 경비실 창문을 열고 과일도 음료수도 넣어 주시는 분도 있다. 올 겨울은 춥지 않을 것 같다. 이처럼 따뜻한 분들이 있기에.

모든 일은 자기하기 나름이다. 설마 학부까지 졸업하고 대기업에 근무한 내 남편이 저런 일을 할까 의심하던 아내도 6개월째 근무하는 나를 보고 안도하는 눈치다. 반찬도 집안 분위기도 좋아졌다.

아파트 관리원 자리를 구하기까지 무려 일 년여의 시간이 흘렀다. 일자리가 코앞에 있었는데도 내 눈에 차는 자리만 먼 곳에서 찾았다. 이제는 이 직장이 나에게 맞는 직장이라 생각하고 애정을 가지고 일한다.

아무리 일자리 구하기가 어렵다 해도 일할 수 있을 때까지는 일을 할 것이다. 찬바람 속에서도 아직 붙어 있는 나뭇잎이 아름답다.

드디어 올 것이 왔구나

인간의 욕망 중에 제일은 뭐니 뭐니 해도 건강하게 오래 사는 것이다. 이 무병장수는 동서고금을 막론하고 모든 사람들이 갖는 공통된 욕망이다. 즉 무병장수는 인간의 오랜 숙원사업이다. 내가 어린 시절만 해도 회갑잔치는 가진 자든 못 가진 자든 형편을 떠나 거창하게 치렀다. 60까지 산 것이 대단했기 때문이었다. 하지만 50년이 지난 요즘은 회갑잔치는 물론이고 칠순잔치를 한다 해도 주위사람들의 눈총을 받기 십상이고 팔순잔치 정도는 되어야 남의 욕먹는 걸 면할 수 있다.

조문을 가서도 90대는 되어야 호상이라고 상주는 부모님을 잘 모신 효자로 치부되고 조문객도 긴장을 풀지만, 80대 초상집의 상주는 마치 부모님을 잘못 모신 죄인으로 매도되고 조문객 역시 아쉬움을 표해야 결례가 되질 않는다.

이만큼 의술의 발달과 생활환경개선으로 인하여 인간의 수명이 턱없이 길어졌다. 이제는 시골의 할머니 할아버지들까지도 100세 세상이라고 하시며 기대수명을 100세로 잡고 있다.

100세 세상, 물론 겉으로는 좋은 현상이겠지만 인간의 수명이 길어지면서 길어진 만큼의 사회적 부작용도 적지 않다.

첫째가 사회의 구조적 문제다. 갑작스런 수명의 연장을 맞이할 사회의 구조적 준비가 전혀 갖추어져 있지 않은 상태다. 정상적으로 60세에 퇴직하여 90세, 100세까지 무엇을 먹고 무엇을 하고 어떻게 살 것인가. 노인들이 개인의 취향에 따라 여가를 즐기고 문화생활을 할 수 있는 기반시설이 거의 없는 상태다. 아파트 내에는 경로당이나 노인정이 있긴 하나 이는 문화공간이 아닌 사랑방 역할에 지나지 않는 것이 현실이다. 마을마다 마을회관이 있지만 마을 노인들이 함께 모여 밥해 먹고 시간 보내기에 급급한 공동 취사장에 지나지 않는다. 각 지자체에서 여러 프로그램을 개발, 운영하고 있으나 시간과 공간적으로 상당한 제약이 따르며 상대적인 이질감 때문에 회피하는 사람들이 많다. 여러 가지 이유로 퇴직 후에도 문화적 혜택을 누리는 사람은 극히 소수에 불과하다. 하지만 나라에서도 그 많고 많은 노인들의 취향에 맞추어 무엇을 어떻게 다 준비할 수 있겠는가. 모두 각자의 몫이어야 한다.

둘째는 경제적인 뒷받침이다. 세상에 공짜 싫어하는 사람이 어디 있겠냐만 언제부터인가 우리나라에 공짜라는 인식들이 독버섯처럼 만연되었는지 모르겠다. 무상보육에 무상급식에 무상승차에 무상치료에 이제는 무상 노인수당까지 지급한다 하니 나라의 곡간을 책임지는 젊은이들은 어찌하란 말인가. 그렇다고 노인들을 홀대하자는 것은 절대 아니다. 도움의 손길이 절실히 필요한 보육원생, 한참 먹고 커야 하는 젊은 학생들 중에 형편이 어려워 점심마저 걸러야 하는 학생들, 기초생활마저 할 수 없는 노인분들을 어찌 외면할 수 있겠는가. 하지만 무한경쟁시대에 보편적인 복지란 어불성설이다. 약아빠진 정치인들이 포퓰리즘에 빠져 부도수표를 남발하여 국민들의 정서를 망쳐놓은 꼴이 되어버렸다. 복지국가들의 복지기금은 공무원연금이나 국민연금처럼 본인들이 기금을 납부하여 정립해 놓은 것을 노년에 받을 뿐이지 우리나라처럼 보편적인 세금으로 보편적인 복지를 실시하지는 않는다. 수익자 부담의 원칙을 따라야 하지 않을까 생각해 본다.

셋째는 건강의 문제다. 사람은 나이가 들면 고장나게 되어 있고 병들기 마련이다. 문제는 수명이 길어진 만큼 병들어 누워 있는 시간도 길어진다는 사실이다. 내 어릴 적 기억으로는 노인들이 몸져누웠다 하면 쉽게들 돌아가신 것 같다. 하지만 지금은 의학의 발달로 목숨만 연장시킬 뿐이다. 시골에 번듯한 건물이 들어섰다 하면 노인요양병원이다. 선진국에서는 노인들이 병들어 누울 때부터 임종 시까지의 기간이 1년이란다. 그런데 우리나라는 평균 10년이라니 환자나 가족들의 고통 역시 간과할 수 없는 사실이다.

넷째는 노인 분들의 사고방식이다. '나는 노인이니 당연히 대우를 받아야 한다.' 라는 사고다. 자신의 삶은 요람에서 무덤까지 모두 자신들의 몫이다. 노인이 되어서도 누구의 도움을 바라지는 말자.

결국 사회적인 구조와 경제적 능력 그리고 건강문제가 해결이 되어야 100세 삶의 진정한 의미가 있다 하겠다. 진정한 복지국가 건설에 온 국민의 지혜를 모을 때다.

사필귀정이라 했다. 열심히 일했으면 잘살아야 하고 게을렀으면 못사는 것은 당연하다. 착한 일을 했으면 상을 받아야 하고 악행을 저질렀으면 벌을 받는 것 또한 마땅하다. 하지만 자신의 몸뚱이 하나 돌보지 않고 평생 가족을 위해 일만 하다가 노년에 골병이 든 것도 사필귀정이라 말할 수 있는가.

몇 달 전부터 아내가 오른쪽 어깨가 아프다며 쇼파에 앉아 아들 내외가 사다준 안마기를 어깨에 두르고 있는 것을 볼 때마다 은근히 짜증이 났다. 자신의 몸 하나 온전히 건사하지 못한다고……. 설상가상 한 달 전부터는 왼발을 절기 시작했다. 아내 나이 이제 겨우 이순인데 큰 병이라도 깊어지면 어쩌나 하는 생각에 짜증이 염려로 변해버렸다. 그도 그럴 것이 혼자서 가게를 한다고 하루 12시간이 넘도록 무거운 것을 들었다 놓았다 했으니 사필귀정이다.

오늘은 아내가 진찰을 받으러 간다기에 귀찮지만 동행하기로 했다. 동행해 주면 아내는 내가 자기에게 지대한 관심을 갖고 있을 것이라 착각해서 좋아할 것이고 좋아지면 부차적으로 돌아올 서비스도 계산에 넣었다. MRI 사진 판독결과 오른쪽 어깨는 4개의 인대 중에 2개가 손상이 되었고 왼쪽 발목은 연골이 닳았단다. 순간 '드디어 올 것이 왔구나.'라는 생각에 가슴이 아려왔다. 무리하면 병나는 줄 누가 모르던가. 알고는 있었지만 자신의 몸을 돌볼 겨를이 없었을 뿐이지. 그게 고달픈 서민들의 삶이지……. 수술을 하면 좋아질 수는 있다 하나 한 번 망가진 건강이 원상태로 되돌아가겠는가. 아! 무병장수의 꿈은 이것으로 깨어지는가. 축 늘어진 오른쪽 어깨와 절룩거리는 왼발로 100세를 살고 싶진 않다.

상황이 이러하다 보니 위에서 말한 것들이 자꾸만 거꾸로 생각이 이어진다. 건강에 문제가 생겼으니 다음은 경제적인 뒷받침이 걱정이 되고 다음은 사회의 구조적인 문제에까지 생각이 이른다. 결국 수술 날짜를 확정 짓고 집으로 돌아오는 동안 나도 아내도 아무 말도 없었다. 아내의 성공적인 수술과 빠른 회복을 바라면서 서민들도 아무런 걱정 없이 살 수 있는 진정한 복지국가를 기대해 본다.

통제구역

신이 인간의 침범을 막기 위해 그어놓은 보이지 않는 선이 있다. 나라와 나라 사이에는 국경이 있다. 나라의 기밀을 지키기 위한 보호구역도 있고 회사의 정보유출을 막기 위한 문서보관실이 따로 있다. 이러한 것들은 모두 외부에서 들어오는 적을 막기 위한 자구책으로 설치한 것들이다.

하지만 사람들은 스스로 자신의 타락을 막기 위해 자신만의 통제구역을 만들어 놓고 출입을 삼가야 할 곳들도 많다. 늦은 밤에 남의 집 담장을 넘어서는 안 된다. 야밤에 과부댁에게 접근해서는 안 된다. 복면을 쓴 채 권총을 들고 은행에 들어가도 안 되고 어려운 사람이 카지노를 출입해서도 안 되고 비싼 색시집을 드나들어서도 안 된다. 사람들이 넘지 말아야 할 선을 넘었을 때에는 분명 사달이 생긴다.

며칠 전에 나는 아내와 빨강색 선이 두 줄로 그어진 통제구역선에서 잠시 이별을 해야 했다. 정말이지 그때의 심정은 살아서는 두 번 다시 아내를 만날 수 없을지도 모른다는, 아내 역시 남편을 만날 수 없을지도 모른다는 공포감에 휩싸여 부들부들 떨며 이빨 부딪치는 소리가 가을 콩 볶는 듯했다. 남들은 어떤지는 모르나 나는 지금까지 두 번이나 통제구역 앞에서 아내와 생이별을 했다.

첫 번째는 지금으로부터 34년 전, 아내가 첫아이를 낳을 때였다. 아내의 나이는 적지 않고 초산인데다가 뱃속의 아이가 크다 보니 순산을 할 수가 없었다. 아내는 수술이 두려워 정상 분만을 원했으나 끝내는 의사선생님의 권유를 받아들여 수술을 결정했다. 침대에 누워 수술실로 향하는 동안 아내는 마치 사시나무 떨듯했다. 그런 아내의 두 손을 꼭 잡고 있다가 마취가 끝나자 나는 그만 손을 놓고 수술실을 나와야만 했다. 그것이 내가 만난 첫 번째 통제구역이었다. 아내만을 수술실에 남겨두고 나온 나는 아이를 얻는다는 기쁨보다는 혹시나 하는 불길한 생각만 머릿속에 가득했다. 무사히 수술을 마친 아내를 보고서야 놀란 가슴을 쓸어내렸다. 그리고 나서야 아들을 보았다.

두 번째의 이별은 2주 전 아내의 어깨와 다리수술을 하면서였다. 몇 달 전부터 오른쪽 어깨와 왼쪽 발목의 통증을 호소하는 아내의 검진 결과 수술을 해야 한단다. 어차피 해야 하는 수술이라면 어깨 따로 발목 따로 할 것이 아니라 동시에 하기로 결정했다. 수술 하루 전에 아내는 혼자 병원에 가서 입원을 했다. 내가 아내에게 해줄 수 있는 최대의 호의는 6인용 병실 대신 2인실을 사용토록 배려한 것 뿐이었다. 수술 당일 병원에 가 보니 이미 아내는 환자복으로 갈아입고 마음의 준비를 단단히 하고 있는 듯했으나 간간이 비치는 불안감은 내 눈을 피해가질 못했다. 수술시간이 되자 아내는 팔에 주렁주렁 달려있는 주사 줄과 함께 수술실로 향했다. 나는 앞에서 아내의 침대를 끌고 직원은 뒤에서 밀었다. 이윽고 수술실의 첫 번째 문이 열렸다. 수술실의 특유의 소독 냄새가 긴장된 마음을 더욱 위축시켰다. 아내는 다시 떨기 시작했다. 나는 말없이 아내의 손을 꼭 잡아주는 것 말고는 아무것도 할 수가 없었다. 두 번째 문 앞바닥에 빨강선이 그어져 있다. 이는 출입이 허락되지 않은 사람은 출입할 수 없다는 통제구역임을 알려준다. 두 번째 문이 열리자 또 다시 빨강선이 그어져 있다. 이 빨강색 선 밖에서 수술담당 직원에게 아내를 넘겨주고 수술실로 끌려가는 아내를 바라만 보았다. 그는 마치 아내를 끌고 가는 저승사자 같았다.

아내가 떠나간 병실에 나만 혼자 남았다. 아내의 체온이 아직은 남아 있다. 만감이 교차한다. 모든 것이 다 내 탓이다. 아파야 할 나는 멀쩡한데 혹사당한 아내만 병들었다. 그러면서 다짐했다. 이제는 또 다시 아내 혼자 통제구역 저편으로 보내진 않을 거라고.

그렇게만 된다면

지금은 그 지긋지긋한 입시철이다. 전국에 수많은 초중고 학생들이 자신이 가고자 하는 학교에 합격하기 위해 얼마나 노력해왔던가. '그렇게만 된다면' 얼마나 좋을까. 입시생들에게 최고의 희망사항은 자신이 원하고 부모가 애타게 바라는 학교에 합격하는 것이다. 자신의 적성이나 소질 또는 앞으로의 전망 같은 것은 안중에도 없다. 오로지 합격만 하면 된다. 하지만 아직 어린 많은 학생들이 불합격의 쓴잔을 마신다. 그중의 일부는 재도전을 준비하고 일부는 눈높이를 낮추고 일부는 상처 받고 좌절하기도 하며 꿈을 접는다. 그러면서 이들은 인생을 조금씩 배워간다. 그리고 먼 훗날 자신의 선택에 만족하기도 하고 후회하기도 한다. 하지만 후회하는 자만이 영글어 간다.

요즘의 젊은이들, 참으로 안쓰럽다 못해 불쌍하다. 지금까지 자신의 꿈을 펼쳐보고자 얼마나 고생하며 노력했던가. 하지만 사회에 첫발을 딛기도 전에 채무자로 전락하고 실업자로 낙인 찍히니.

이들이 설 자리는 이 나라 어디에 있단 말인가. 한때는 가을하늘보다도 높고 푸른 꿈이 있었을 것이다. 천하를 호령할 것 같은 힘찬 기백도 있었을 것이며 먼 훗날의 자신의 모습을 그려보며 두근거리는 마음에 밤잠을 설쳤을지도 모른다. 하지만 실업자로 전락한 자신을 지켜봐주던 주변의 시선을, 자식에게 기대를 걸었던 초췌한 부모님의 모습을, 어린 동생들의 초롱초롱한 눈망울을 어찌 제 정신으로 바라볼 수 있겠는가. 그들이 가고자 하는 회사에 떡하니 입사하여 일할 수만 있다면 '그렇게만 된다면' 얼마나 좋을까. 하지만 희망의 끈마저 놓지는 말자.

참으로 한 세대가 채 가기도 전에 격세지감을 느낀다. 우리 같은 60대 중반의 장년들은 어린 시절 너 나 할 것 없이 모진 고생을 겪고 살았지만 학교를 졸업하고 취업할 당시에는 경기의 호황 덕으로 자신이 원하는 직장을 골라 갈 정도였다. 그것만 해도 부모님께 크게 효도한 것으로 생각된다. 하지만 지금의 청년들은 우리와는 정반대로 어린 시절에는 부모님들의 덕택으로 비교적 고생 없이 자랐으나 경기의 불황으로 일자리가 없어 실업자로 끝없이 추락하고 있으니 세상만사 새옹지마라고 입속으로 중얼거려본다.

하지만 오늘의 젊은이들의 이 고통이 먼 훗날 무엇으로 되돌아올지 모르니 세상은 살고 볼 일이다. 그때에 '세상만사 새옹지마'라고 크게 외쳐보자. 그렇게만 된다면 얼마나 좋을까.

이 세상 모든 선남선녀들이 원하는 학교에 입학하고 남 부러워하는 회사에 입사하고 사랑하는 배우자 만나 결혼하여 자식 낳고 꿈에 그리던 집 장만했다면 과연 행복할까. 그렇게만 된다면 얼마나 좋을까. 그러나 이런 사람은 세상에 아무도 없다. 사람이 행복을 느끼는 것은 남보다 우월했을 때에만 갖게 된다. 거저 주어지는 행복보다는 쟁취하는 행복이 더욱 진하고 향기롭다. 사람이 모든 행복을 다 갖지 못하기에 부족해하고 불행해한다. 따라서 사람이 행복하기 위해서는 탐욕을 버려야 한다고 많은 선각자들은 가르쳤다. 하지만 사람들은 어느 선부터 탐욕인가를 구별하지 못한다. 구별한다 해도 자신에게 그것은 탐욕이 아닌 생의 필수조건이라 변명한다. 그러니 불행하다. 그러기에 과유불급過猶不及이라 했다.

인간의 수명이 턱없이 길어졌다. 인간의 오랜 숙원인 장수長壽의 꿈이 현실로 실현되었으니 어찌 축하할 일이 아니겠는가. 하지만 준비되지 않은 행복은 불행해질 수도 있다. 마치 몸에 맞지 않은 옷을 걸친 것처럼 부자연스럽다. 때문에 준비되지 않은 복권에 당첨된 사람들이 모두 불행해졌다는 사실은 이것을 증명하고 있다.

많은 퇴직자들이 다시 일하기를 원하지만 현실은 암담하다. 그들이 현직에 있을 때 받았던 대우는 언감생심 바라지도 않는다. 하지만 퇴직자들이 굳이 재취업을 원하는 것은 퇴직 후의 여생이 너무나 길고 지루하고 무의미하기 때문이다. 인간의 수명은 길어졌는데 퇴직의 나이는 같다. 한 세대 전에는 퇴직자는 노인이었다. 하지만 지금은 장년이다. 몸도 마음도 젊다. 하지만 사회적으로는 이들을 받아들일 아무런 준비가 되어 있지 않다. 이들은 고사하고 젊은이들에게조차 도움의 손길을 내밀지 못하고 있다.

아침에 잠자리에서 일어나면 활동하기 전에 간단하게 몸을 푼다. 한 그릇의 밥을 먹기 전에 한 숟가락의 국물로 목줄을 연다. 야구선수가 타석에 들어서면 방망이를 몇 번 휘두르며 감을 잡는다. 골프선수도 공을 앞에 두고 클럽을 휘둘러본다. 이와 같이 모든 일에는 준비가 필요하다. 그러다 보니 준비되지 않은 인간의 수명이 길어졌다고 마냥 좋아할 일만은 아니다 싶다. 준비된 자에게만 기회가 주어져야 한다. 준비되지 않은 자에게 기회를 준들 놓치고 만다.

우리는 양식장에서 사람이 주는 사료를 먹으며 자란 장어보다는 거친 뻘밭에서 민물과 짠물을 번갈아 먹고 자란 자연산을 더 좋아한다. 육질이 단단하고 고소하단다. 온실에서 자란 과일보다는 비바람 맞으며 맺은 자연산 과일을 더 좋아한다. 생김새는 투박하고 거칠어도 속맛은 찰지다.

물고기도 과일도 세파를 헤친 것들만이 제 맛이 있다. 생선에서는 비린내가 나고 청국장에서는 고약한 냄새가 나지만 우리가 그들을 즐겨 찾는 이유는 다름 아닌 그들 특유의 맛과 냄새 때문이다. 사람도 고난의 길을 걸은 자만이 사람 냄새가 난다.

세상살이 힘들다 한탄한다고 세상이 달라지지 않더라. 나의 조건이 남보다 열악하다고 투덜댄들 누가 도와주지 않더라. 그러기에 나의 것은 덜지도 더하지도 않고 묵묵히 지고 가련다.

아름다운 이별

시골성당의 특징 중의 하나는 노인분들이 많다는 것이다. 시골에서 태어나 자라고 학교에 다니고 농사짓고 살아오신 분들이기에 태어나서부터 나이 들고 병들어 죽기까지 한 성당에 다니시는 분들이 참으로 많으시다. 주일날 평소 때보다 일찍이 일어나 목욕재계하고 곱게 몸단장하고 다른 사람들보다 앞서 성당에 도착하여 성당에 오시는 분들을 지켜보고 있노라면 가관이다. 제일 먼저 오는 분들은 지팡이를 짚었거나 다리를 절거나 아니면 허리가 거의 90도 넘게 굽으신 노인 분들로 가실 날이 가장 가까운 분들이 제일 먼저 오신다. 다음 그룹은 장년층이고 젊은 층은 미사가 시작되기 직전에 도착하고 심지어는 미사 진행 중에 오는 사람도 있다. 이러한 시골성당에 유 마지아 할아버지와 한 마리아 할머니와 아들 유 레오가 계신다. 주일이 되면 눈이 오나 비가 오나, 봄이고 여름이고 가을이고, 겨울에도 단 한 번도 빠뜨리지 않고 성당에 오시는 노부부가 계셨다. 유심히 지켜보니 성당에만 부지런히 나오시는 것이 아니고 기도생활 역시 어느 수도자나 성직자 못지않게 열심 하시다는 것을 알았다. 어디 그뿐이겠는가. 시골에서 내 땅 한 평 없이 사시면서도 어렵다는 내색 한 번 않으시고 항상 웃으시면서 주일 헌금이나 교무금 역시 넉넉한 사람들보다도 더욱 넉넉하게 기한을 넘기지 않으시고 하느님께 기꺼이 바치시는 것을 보고는 항상 마음속으로 존경해 마지않았다.

지금껏 그분들과 단 한 번도 속마음을 털어놓고 이야기해본 적이 없었다, 하지만 아무런 관계도 없고 어리고 하찮은 나를 이해해주 고 아껴주고 사랑해주고 기도해 주신다는 것은 알고 있었다. 실로 고마울 따름이다. 그런 부모님들의 모습을 보고 가르침을 받은 자식들이 어찌 남들로부터 손가락질을 당하는 모습으로 살아갈 수 있겠는가. 그분들의 아들 역시 성실하고 근면하여 항상 주위로부터 칭찬이 자자하다. 그런 모습을 볼 때면 무엇 하나라도 챙겨주고 싶었다.

이분들이 사회적으로 출세를 해도 아니고 쌓아둔 재산이 많아서도 아니고 내가 도움을 받아서도 아니다. 오늘날처럼 나만을 아는 각박한 세상에 세속의 때에 찌들지 않고 이웃들과 서로 위로하며 하느님께서 내려주신 은총에 감사하며 사는 그 모습이 귀감이 되었기 때문이다.

이분들이야말로 오늘날 우리들의 스승이요 본보기이시다. 오늘날 많은 사람들이 유명한 정치인이 구세주인 양, 돈 많은 졸부가 그리스도인인 양 부러워들 하지만 한갓 흘러가는 구름일 것이다.

그렇게 존경했던 할아버지가 지난겨울부터 보이지 않았다. 궁금하여 알아보니 몸이 많이 불편하시단다. 곧 자리를 털고 일어나시리라 생각했는데 입원과 퇴원을 반복하시더니 끝내는 한 달 전쯤 하느님의 부르심을 받고 우리 곁을 떠나셨다. 사람마다 어디 결점이 없으리오. 이분께 한 가지 흠이라면 약주를 좋아하셔서 살아생전에 할머니로부터 술에 대한 구박을 좀 받으셨단다. 이처럼 허망하게 떠나실 줄 알았다면, 살아 계실 때 푸짐한 안주에 좋아하시는 술이라도 한 잔 대접해 드릴 걸 하고 때늦은 후회를 했다. 그래서 연세가 많은 부모님을 두신 친구나 후배들에게 살아생전에 부모님께 드리라고 조기를 사주는 습관이 생겼다.

다행히 성당에 빈소가 차려져 몇 차례 조문도 했고 그분의 영혼을 위해 기도도 드렸고 밤늦게까지 빈소도 지켜드렸지만 아쉽게도 저승길까지는 동행해 드리지 못했다.

장례가 끝나고 사람들이 둘러앉아 망자의 생전의 삶에 대해서 이야기를 나누었다. 최후의 순간이 다가오자 할머니께서 할아버지의 혹여 있을지도 모를 미움이나 아쉬움이 있었다면 내려놓고 훌훌 털고 가시라고 "여보, 내가 당신 술 마시지 말라고 뭐라고 한 것은 당신 아프지 말고 우리 오래오래 함께 살려고 한 것이니 너무 섭섭하게 생각지 마세요."라고 말씀하시니 할아버지께서 "당신 마음 내가 잘 알지요."라고 말씀하시더란다. 그래서 할머니가 "마지막으로 나에게 바라는 것이 있으면 말씀해 보세요."라고 하시니 당신을 한 번만 꼭 안아 달라 하시기에 꼬~ 옥 안아드렸더니 "여보 사랑해요, 성모님 사랑해요, 예수님 사랑해요."라고 마지막 말씀을 남기시고 먼 길을 떠나셨단다. 이 말을 듣고 있던 모든 사람들이 소리 죽여 가며 울었다. 어찌 울지 않을 수 있으랴. 지금 이 글을 쓰고 있는 나도 울고 있다.

이 얼마나 아름다운 이별인가. 마지막 길을 떠나면서까지도 생의 미련도 애착도 버리지 못하고 바둥대며 떠나서야 되겠는가.

나도 마지막으로 남길 멋진 말을 미리미리 준비해 두어야겠다.

6. 취중醉中약속

아내의 생일상

이것은 생일상이 아니라 평일 밥상 그대로다. 아무리 형식을 따지지 않고 무슨 날 무슨 날이라 하여 야단법석 떨기를 싫어하는 아내이지만 막상 아내의 생일날 평소와 조금도 다름없는 아침상을 받고 보니 아내에게 미안하여 내 자신이 초라해졌다. 30여 년 전, 시부모님 모두 돌아가시고 없는 가난한 집으로 시집와 한 집안을 일으키고 붙잡아준 공로가 대단하여 떡 벌어지는 생일상도 과하지 않으련만 뭇사람들이 생일날이면 으레 먹는 미역국도 없었다. 묵은김치 하나에 삼 일 전쯤 구워놓은 김이 반찬의 전부다. 그래도 아내는 아무런 반응도 없었다. 하기야 추워도 춥다 말하지 않고, 더워도 덥다 말하지 않은 아내의 성품 때문에 우리 부부는 항상 티격태격이다. 그나마 며늘아기가 택배로 보내준 생일 케이크가 없었다면 평상시와 똑같았을 것이다. 물론 금년만 이런 것은 아니다. 지난해에도 그랬고 지지난 해에도 그랬다. 단 한 번도 그럴싸한 생일상을 차려준 기억이 없다. 아들이 어렸을 적에도 어린이날에 아들 손잡고 어린이날 잔치에 함께해 본 적이 없고 여름철에도 해수욕장 근처에라도 가 본 적이 없다. 이것은 다분히 사람들 북적대고 시끄러운 것을 싫어하는 우리 부부의 성품 때문이다.

그래도 나와 집사람은 초라한 식탁을 사이에 두고 마주앉아 무엇이 그리도 고맙다고 '식사 전 감사의 기도'를 드린다. 비록 초라하지만 생일 케이크에 촛불을 밝히고 생일축하의 노래를 부르고 나니 집사람이 '후~' 하고 불어 끈다. 이것으로 집사람의 생일축하식은 끝이다. 아내가 얼마나 섭섭해 했을까! 그런 집사람에게 나는 "생일축하하오."라는 말 대신 "여보, 미안하오."라고 기어들어가는 듯한 작은 목소리로 적당히 얼버무리고 만다. 즐거워할 집사람 생일날에 괜히 가슴이 울컥하고 코끝이 저려온다. 그리고 또 지키지도 못 할 맹세를 나 혼자 해본다. 내년에는 과부 땡빚을 내서라도 성대하게 치러 줄 거라고. 그런데 나는 이 맹세를 서른 번도 넘게 했다.

우리는 10여 년의 결코 짧지 않은 시간 동안 서로를 사귀어 오다가 30년 전에 결혼을 했으니, 결혼하고 우리 부부의 생일도 서른 번씩 흘러갔다. 내가 보기에 다른 부부들은 결혼도 쉽게 쉽게 잘도 하는 것 같더니만 우리 부부는 결혼할 때부터도 우여곡절이 많았다. 어느 집인들 살다보면 어려움이 없고, 사네 못 사네 하는 사건, 사고들이 없겠는가만 우리 부부 역시 남들과 똑같은 인생역경을 겪으며 지금까지 살아왔다. 집사람, 시댁 부모님들 모두 돌아가시고 시동생들만 드글드글한 가난한 집안에 시집온 후 그동안 모진 고생도 많이 했다. 없어서 고생했고, 가난을 벗고자 몸부림치느라 고생했고, 비록 가난하지만 올곧게 살아보려고 애쓰느라 고생했다.

남편의 박봉을 모아모아 시숙어른 사업자금도 대주어 보고, 시동생 장사 밑천도 챙겨줬다. 그중에 제일은 셋째, 넷째 시동생을 중학교, 고등학교, 대학교까지 먹이고, 입히고, 키우고, 가르치고, 취직 시키고, 결혼까지 시켰지만, 정작 우리 자식은 하나밖에 두질 못했고, 정작 자기 것은 변변한 옷 한 벌 없다. 그러면 그렇다고 말이라도 하고, 불평이라도 한 번 했더라면 내가 덜 미안해했을지도 모르는데. 하지만 내 어찌 모르리오, 당신의 그 깊은 마음을. 꼭 보상해 주리라 다짐한다.

미련해서(?), 더욱 고맙고 미안하다. 작년 내 회갑 때 셋째 동생 내외가 그동안 고맙다고 우리 부부 커플반지를 해준 것이 아내가 몸에 지닌 첫 번째 보석이고 비록 살림에 보탬은 안 되지만 인격 관리 잘하고 있는 남편이 아내의 둘째 보석으로 생각하는 것 같아 나는 행복하다.

금년 집사람 생일은 공교롭게도 화이트 데이와 겹쳤다. 나는 혼자서 조용히 중얼거려본다. '여보! 사랑하오, 내년 생일에는 값진 선물과 함께 떡 벌어지는 생일상도 차려주겠소.' 하지만 나는 안다. 내년 이때쯤이면 나는 오늘과 똑같은 아내의 생일상을 차려주고 오늘과 똑같은 후회를 할 거라는 것을.

아내의 회갑

아내는 1955년 2월 22일(음력), 10남매 중 여섯 번째로 태어났다. 비록 전쟁은 멎었으나 너 나 할 것 없이 어려운 시기에 이승에서 나와 부득이 부부의 연이라도 맺으려고 한 것처럼, 밀리는 도로 위에서 새치기하기 위해 자동차 머리부터 들이대는 얌체족 운전자처럼 두 주먹 꼭 쥐고 머리부터 들이밀고 온 힘을 다해 이 세상에 나왔단다.

그렇게 힘들게 나와 보니 벌써 위로는 네 명의 오빠와 한 명의 언니가 있더란다. 그만하면 족했으련만 부모님은 밑으로 넷을 더 두어 굳이 열을 채우셨단다. 넉넉한 세간살이라 할지라도 자식 열을 건사하기란 예나 지금이나 그리 녹록지는 않았으리라. 어린 시절부터 부모님을 꼭 닮아 심성이 착하고 눈이 큰 아내는 주위 사람들의 사랑을 독차지하며 자랐단다. 하지만 그 착한 심성이 오히려 세상을 살아가는 데 득이 아닌 독이 될 줄을 누가 알았겠는가.

아내를 처음 만난 것은 대학 1학년 때였다. 당시 아내는 고등학교 1학년이었으니 둘 사이에 무슨 정분이 있었겠는가. 그저 오빠 동생 정도 이였겠지. 3학년 초 나는 군에 입대하고 각박한 현실에 얽매였던 내 가슴속에서 아내는 잊힌 여인이 되어버렸다. 하지만 지금 돌이켜봐도 확실한 것은 봄철 순한 연둣빛 새싹들이 막 피어오를 때쯤 먼 산 아지랑이처럼 내 가슴속에 멍한 잔영으로 남아 있었음은 분명하다. 3년 세월이 흘러 나는 어엿한 청년이 되었고 아내 역시 백목련처럼 도톰하고 뽀얀 숙녀로 자리매김했으리라. 제대 후 3학년에 복학하고 취업 준비에 정신이 없던 나는 캠퍼스에서 우연히 아내를 발견했다. 하지만 이성간의 교제에 서툴렀고 사랑고백의 경험이 전무한 나는 아무런 말도 못하고 학교를 졸업하고 취직하여 가슴 미어지는 아쉬움을 속으로 삭이며 그녀 곁을 떠나 그해 중동으로 떠나고 말았다. 벌써 두 번째 이별이었다.

중동 땅, 이글거리는 태양, 뜨거운 모래바람, 끝없이 펼쳐진 사막이 이역만리 타국 땅에 몸을 부린 젊은이를 힘들게 한 것이 해가 지면 어두움과 함께 찾아오는 그리움, 외로움, 고독은 고통의 수위를 넘어 고문과 같았다. 그리고 일 년 후 휴가차 귀국하여 또 다시 아내를 만났으나 사내답게 속마음을 털어놓지 못하고 빙빙 돌려 변죽만 울리고 또 다시 출국하고 말았다.

당사자 앞에서는 말 한마디 제대로 하지 못하는 나는 말 대신 일주일에 두세 통씩의 편지를 써대기 시작했다. 전통적이고 보수성이 강한 학교에 근무했던 아내에게 중동에서, 그것도 일주일에 2, 3통의 알록달록한 편지가 학교에 도착하니 아내야 무척이나 당황스러웠겠지만, 그 편지의 또 다른 의도는 '이 여자는 임자가 있으니 절대 손대지 말 것'이라는 강한 경고의 메시지가 담겨 있었고, 그 광고의 위력은 실로 대단했다. 전술보다는 전략이 더 중요한 대목이라 하겠다.

2년이 지나서야 아내로부터 편지가 오기 시작했고 그것으로 모든 것이 순조롭게 매듭지어질 것이라 생각하고 편한 마음으로 귀국한 것은 나의 커다란 착각이었다. 귀국 후 아내는 좀처럼 마음을 열지 않았고 지루한 신경전은 계속되었다.

봄비가 추적추적 내리는 어느 봄날, 미래의 장인 장모 되실 분이 촌스럽게 신문지를 우산 삼아 머리에 뒤집어쓰고 울산 나의 사무실을 찾아오신 것이다. 얼마나 당황했던지.

하지만 위기를 기회로 이용하는 자만이 미인을 얻을 수 있는 법. 울산 시내에 투숙하실 호텔을 예약하고 단골집 해물탕집에서 떡 벌어지게 저녁 식사를 대접했다. 뒷날의 이야기지만 내가 정말로 현대건설 직원인가를 확인하러 오셨다가 너무나 융숭한 대접을 받아 되레 더 당황하셨단다.

우여곡절 끝에, 내 나이 서른하나, 아내 나이 스물일곱 되던 해 말쯤 남들은 그리도 쉽게 하는 결혼을 우리는 돌고 돌아 10년 만에 결실을 맺었다. 그러나 그 결실은 행복의 결실이 아닌 고생의 서곡이었다. 일찍이 부모님을 여읜 나는 숟가락 젓가락 하나 물려받은 것이 없고 대신 책임져야 할 어린 동생들만 유산으로 물려받았다.

어찌되었든 요만하면 살겠지 생각했는데, 1998년 IMF라는 된서리가 이 땅을 할퀴고 갈 때, 귀국해 보니 동생들에게 빌려준 돈은 떼이고, 보증서준 것은 20년 동안 안 먹고, 안 입고 장만한 3층짜리 건물을 싼 값에 팔아치우게 했다. 거기에 퇴직금까지 합쳐 남들에게는 일 원짜리 한 장 피해주지 않고 깨끗하게 정리하고 아내의 뜻에 따라 15년 전에 이곳 시골, 상관으로 들어왔다. 지금 내가 살고 있는 아파트는 입주 당시 임대 아파트였으나 후에 분양 받았다. 분양을 받을 당시 그동안 고생한 아내에게 조금이라도 보상하고자 명의를 아내 앞으로 해주었다. 아내는 15년 동안 이곳에서 조그만 가게를 하고 있다. 시작할 때에는 남의 가게를 빌려 시작했으나 지금은 아내가 그 가게의 주인이다. 아내의 가게 옆에 건물 한 채를 지을 정도의 땅이 있었는데 굳이 그 땅을 사 달라기에 그 땅 역시 아내의 명으로 사주었다. 그 땅에 전주에서 잃어버린 것 만한 3층 건물을 꼭 짓고 말겠단다. 대단한 집념이다. 해내고 말 것이다

대신 결혼생활 34년 동안 해외여행은 고사하고 금강산 여행, 제주도 여행 한번 다녀오질 못했으나 아내는 소처럼 묵묵히 말이 없다. 그러면서도 일거리가 없어 삼식이가 되어버린 나를 위로한답시고 조그만 기다리란다. "금년에는 당신에게 대박이 굴러올 거요."라는 말에 나는 실없이 "대박은 무슨 대박" 하고 말끝을 흐린다. 밤늦게 까지 일하고

파김치가 되어 들어오는 아내에게 무어라도 도와주고 싶다. 아침은 아내가 차려주지만 점심과 저녁은 내가 해결하고 설거지 역시 빈틈이 없다. 이틀에 한 번 집안 청소, 냉장고 청소, 가스레인지 청소, 빨래 개기, 집안 환기 등은 내 몫이다. 오늘 아침에는 등을 밀어달라기에 시원하게 밀어주었다.

그러는 아내에게 뜻밖의 사고가 생겼다. 지난 3월 13일 금요일. 가게에 나가는 아내의 뒤통수에 대고 "오늘은 13일의 금요일이니 각별이 조심하게."라고 말하고 아내가 들오기도 전에 철없이 술을 마시고 자고 있는데 현관 앞에서 아내의 다급한 목소리가 들려왔다. "여보, 나 넘어졌어요." 아내의 왼쪽 광대뼈 부위에서 철철 흐르는 피를 손으로 막고 황급히 방으로 들어왔다. 때는 새벽 1시 30분. 급하게 위생함을 찾아 아내에게 건네주고 외투를 벗겼다. 안경도 부서졌다. '못난 남편 만나 평생 고생만 시킨' 나는 자멸감에 밤잠을 이루지 못했다.

죽어 다시 태어나 부부의 연이 있다 해도 아내하고는 절대 결합하지 않을 것이다. 다음 생애에는 능력 있는 남자 만나 호의 호식해보라는 고마운 아내에 대한 나의 배려에서다. 상처는 아물었지만 흉터는 남아 있다.

아침 식탁 앞에 앉아있는 아내의 머리카락이 세월의 무게를 견디지 못해 모두 빠져버렸다. '지지리 복도 없는 여자야, 세상에 남자가 최대관이밖에 없었던가.' 하고 허공에 대고 씹어본다.

이 아내의 회갑이 금년 4월 10일(양력)이다. 일주일 남았다. 34년 동안 단 하루도 마음 편할 날 없이 살아왔을 아내. 어떻게 위로해줄까 궁리 끝에 이날 하루만이라도 편하게 해주고 싶고, 아내의 헌신적인 삶을 여러 사람들에게 자랑하고 싶다. 이번 주에는 처가식구들을 모두 한식집으로 불렀다. '착하고 이쁜 동생 고생시켜 미안하다.' 고 말하려고. 다음 주에는 친가식구들을 모두 한식집으로 불렀다. 이제는 비록 나이 어린 시동생들만 남았지만, 오늘 단 하루만이라도 떳떳하게 손에 물 묻히지 말고, 마음 편히, 따뜻한 밥 배 불리 먹어보라고.

취중醉中약속

세상 살아가면서 어찌 좋은 일만 있을 수 있으며, 마음 상하는 일이 어디 한둘이겠는가. 알게 모르게 남에게 마음의 상처를 주기도 하고, 상처를 받기도 한다. 여러 상처 중에서 제일 가슴 아픈 상처는 자신이 가장 믿고, 아끼고, 사랑한 사람으로부터의 상처라 할 것이다. 처음 상처를 받았을 때에는 상처를 준 사람이 그토록 미울 수가 없다. 어리석은 사람은 그 상처를 평생 가슴에 안고 이를 갈며 살아가겠지만, 지혜로운 사람은 그 원인을 파악하고 파헤쳐 두 번 다시는 상처받지 않도록 할 것이다. 시간이 흘러 상처를 준 사람이 고의성이 없었다거나, 상처 받은 사람의 오해에 인한 상처였음이 밝혀진다면 그나마 다행이겠지만 애시 당초 상처가 없었음만은 못할 것이다. 오해로 인한 상처도 상처이기에 흉터는 남아 있기 마련이니까.

우리 신체에서 남에게 상처를 줄 수 있는 부위는 무엇 무엇이 있을까. 머리로는 상대를 들이받아 코뼈나 이빨을 부러뜨릴 수도 있으니 위험부위다. 이로는 상대를 물어뜯을 수 있으니 위험부위다. 다음으로는 팔과 다리가 있다. 이 중에서 팔은 상대의 어느 곳도 가격할 수 있으며 흉기를 들 수 있으니 특히나 위험부위라 하겠다. 마지막으로는 입이라 하겠다. 성인들의 평균 혀의 길이는 3치 정도다. 혀는 우리 신체부위 중에서 머리나 이, 또는 팔과 다리보다는 상대적으로 아주 작은 편에 속하며 또한 무엇보다도 부드럽고 약하다. 그런데도 그곳에서 나오는 말로 인하여 우리는 얼마든지 상처를 줄 수도 있으며 심한 경우에는 목숨마저도 앗아갈 수 있다.

그러면 대체 무엇 때문에 말로 받은 상처가 그리 치명적일 수 있는가. 팔과 다리에 의한 상처는 물리적인 상처다. 물리적인 상처라 하여 마음의 상처가 없는 것은 아니겠으나, 상처의 비중이 물리적인 것에 있으며, 이는 시간이 흐르면 자연 치료되거나 약물치료가 가능하다. 하지만 혀로 인한 상처는 눈에 보이지도 않은 것이 살 속으로 파고들어 피를 통하여 온몸을 휘감고 뼛속에 상처를 남기고 가슴에 새긴다. 때문에 인위적으로 치료할 수가 없어 죽어야만 잊을 수 있다. 실로 혀 놀림을 신중하게 해야 할 일이다. 특히나 공식적인 자리에서 타인의 신상에 관련된 발언을 할 때에는 더욱더 숙고해야 할 일이다. 가장 작고 부드러운 것이 가장 깊고 심한 상처를 입히다니 얼른 수긍하기 어려운 점이다.

그런데 알고 보면 말로 인한 상처는 평범한 우리들의 일상대화에서 비롯되는 것이 태반이다. 그러고 보면 '대화의 기술'이 참으로 요구되는 세상이다. 해서 우리 조상들도 신身, 언言, 서書, 판判이라 하여 말하기를 상당히 중요시했다. 그렇다고 사기꾼처럼 말만 번지르르 잘하란 말은 아닐 것이다. 말에는 어디까지나 진실과 진정이 담겨 있어야 한다. 말로 표현하지 않으면 어찌 사람 마음속에 숨겨 있는 생각을 정확하게 읽을 수 있겠는가.

지난 연말쯤 우리 부부의 결혼기념일에 있었던 일이다. 35년 동안을 함께 살아오면서 결혼기념일을 그 햇수만큼 지내왔다. 우리 부부는 결혼기념일이라 하여 특별한 이벤트 같은 것도 없고 색다른 선물 같은 것도 없이 그냥 그렇게 지내왔다. 그날도 여느 때처럼 맥주 한 잔 앞에 두고 테이블에 마주앉았다. 입 밖으로는 차마 낯이 간지러워 표현은 못했지만, 아내에 대한 고마움과 미안한 생각은 늘 갖고 사는 나였다. "오늘이 우리들 결혼기념일인데 축하해."라는 나의 말에 "죽도록 고생만 했는데, 뭐."라는 자조 섞인 아내의 넋두리였다. 물론 아내는 깊은 생각 없이 무심코 던진 말이었겠지만 그 말은 나에게 화살이 되어 가슴에 박혔다. 박봉으로 시동생들을 가르칠 때에도 불평 한마디 없던 아내, IMF 시절 시댁 식구들 때문에 모든 걸 날려 보냈을 때에도 남 앞에선 강한 척하면서, 아무도 없는 성당에 홀로 앉아 눈물을 흘리고 있더라는 아내가 왜 하필이면 오늘 같은 날 그런 말을 했을까. 미루어 생각건대 이제는 아내도 지나가버린 세월이 아쉽고 허망하다는 생각이 드나보다 싶어 더욱 미안하고 안쓰러움이 가슴 깊이 파고들었다.

나는 명색이 모태신앙을 가졌으나 날라리 신자이고, 아내는 결혼 후에 신앙을 갖게 되었으나 알짜배기 신자다. 연륜이나 교리에 대한 지식은 내가 앞서가나 믿음에 대한 확신은 아내가 훨씬 앞에 가고 있다. 때때로 교리에 관한 토론이 벌어질 때면 누구도 양보가 없다. 그런 아내에게 전번 결혼기념일에 있었던 가슴 아픈 일도 있고 해서 무슨 좋은 선물이 없을까 궁리 끝에 무릎을 딱 치는 묘안이 떠올랐다. 바로 이거다. '이스라엘 성지순례.' 가톨릭 신자라면 살아생전에 한 번은 꼭 가봐야 할 곳. 그것도 무려 12박 13일. 하지만 여러 가지 사정 때문에 신혼여행으로 제주도를 다녀온 이후, 흔히 가는 중국 장가계도 금강산도 한 번 못 가보지 않았던가.

며칠 전에는 거나하게 약주를 한잔하고 집에 들어가서는 아내를 불러 세워놓고 중대발표를 했다. "내년 봄에는 세상이 두 쪽이 나는 한이 있어도 당신과 함께 성지순례를 갈 것이오." 이름하여 '취중약속' 이다. 취중약속도 약속이다. 이 약속을 실현하기 위해 그렇지 않아도 부족한 용돈을 아끼고 쪼개며, 이스라엘 역사공부도 하며 바쁜 하루를 보낸다.

며늘아기에게

나는 작년 말 12월 17일에 하나밖에 없는 아들놈을 장가보냈다.

양가집안의 상견례가 끝나고 결혼 날짜가 정해지자 나는 우리 집안에 들어올 며늘아기에게 이 글을 건네주었다.

여기에 그 전문을 싣는다.

사랑하는 우리 지영에게

소설, 대설이 다 지난 겨울의 중간 지점-.

머지않아 올 해도 가고 새로운 해가 찾아오겠지.

창밖은 무엇이 그리도 불만스러운지 잔뜩이나 흐려져 있고 마치 대지에 함박눈이라도 듬뿍 쏟아 부어 화풀이라도 할 듯이 무거워 보이는구나.

오늘은 주일이라 엄마와 함께 일찍이 성당에 가서 미사 분향하고 기도 올리고 왔단다.

예전에는 우리 가족만을 위해 기도했었는데 지영이가 우리 가족이 된다고 했을 때부터는 기도의 주체가 우리가 아닌 수빈이와 지영이가 되었단다.

참으로 인연이란 묘한 것이구나!

수빈이가 성장하여 결혼할 나이가 되었을 때부터는 아빠에게는 참으로 이상한 습관이 하나 생겼단다. 그것은 지나가는 아가씨들만 쳐다보면 아빠 나름대로의 기준점수를 정해놓고 '저 정도의 아가씨라면 우리 집 며느리로 받아들일 수 있겠다, 아니면 저런 아가씨라면 우리집으로 시집오겠다 해도 절대로 받아들일 수 없다.' 라는 아빠 혼자서 남의 집 귀여운 따님을 평가하는 버릇이 생겼단다.

금년 3월 초순인가, 수빈이와 지영이가 수원에 있던 아빠 사무실로 인사 차 처음으로 찾아왔을 때 지영이를 처음 보는 순간 '맞다, 이 아가씨로구나.' 하고 아빠는 감탄했단다.

역시 내 아들 수빈이가 다른 건 몰라도 여자 보는 눈만은 아빠와 비슷한 수준이구나라고 말이다. 엄마 역시 지영이를 보는 순간 만족해 하는 눈치였단다.

준수한 용모하며 야무진 이목구비, 한겨울 꽁꽁 언 동치미를 맛보는 듯한 활달한 성격이며 절제된 행동에 누구에게도 굴하지 않을 당당한 자세 등등.

어찌되었든 고맙다, 아가야.

불교에서 말하는 겁이란 천지가 개벽하는 긴긴 시간을 말하지.

그런데 부부의 연이란 7겁의 긴 세월을 지내야만 만날 수 있다는 엄청난 인연이란다.

우리, 이처럼 귀한 인연을 맺었으니 얼마나 좋으냐!

일찍이 엄마와 아빠도 40여 년 전에 대학 캠퍼스에서 처음 만나 서로 좋아하고 오해하고 미워하고 갈등하고 그러다가 이해하고 양보하고 사랑하고 한 세월이 10여 년, 그리고 지금으로부터 30여 년 전에 결혼했단다.

결혼은 했지만 결혼 초부터 시작된 경제적인 어려움, 눈에 보이지 않는 시댁과의 갈등, 어린 시동생들의 뒷바라지, 완고했던 아빠의 사고방식 등등 그러나 엄마는 그 숱한 고생을 겪으며 오늘까지 우리 집안을 꿋꿋이 지켜내고 있단다.

그래서 겉으로 표현은 않지만 아빠는 항상 엄마를 사랑하고 믿고 의지한단다.

30년 전 엄마와 아빠가 결혼하여 낳은 하나뿐인 자식 수빈이, 분만실에서 수빈이를 처음 보는 순간! 정말이지 아빠와 엄마는 이 세상 모든 것을 얻은 것처럼 행복했단다.

듬직했던(출생 시 몸무게 무려 4,2 Kg) 어린 시절, 딸이 없던 엄마, 아빠에게 수빈이는 딸보다도 더 붙임성 있고 애교 있는 아이로 잘 자라주었지.

어린 시절, 단 한 번도 엄마, 아빠 속을 썩이지 않고 먹고, 자고 건강하게 성장해 주었다. 중고등학교 시절, 젊은 날의 방황이 시작되면서 엄마, 아빠의 애간장을 도려내는 듯한 고통도 주었지만, 이제는 어엿한 성인으로 성장하여 한 가정을 꾸린다 하니 엄마, 아빠는 한없이 고맙단다.

어찌 한 사람의 생애에 기쁨과 영광만 있으리오.

방황도, 고통도, 좌절도, 슬픔도, 눈물도, 사랑도, 기도도…….

이것들이 하나로 응집되어 하나의 생을 굽는 것.

여기서 잠시, 엄마, 아빠의 집안에 대한 내력을 말해줘야겠구나.

원래 엄마의 집안은 경상북도 의성에 뿌리를 두었는데 일찍이 엄마의 부모님들이 전라도로 이사 오시어 엄마는 전라북도 익산에서 태어나 단란하고 화목한 집안에서 성장하였다. 아빠에게 시집와서 좋은 옷 하나 입어보지 못하고 지금까지 모진 고생을 하고 있단다.

엄마의 젊었을 때의 사진을 보면 유난히도 눈이 크고 지영이처럼 이목구비가 단정했으며 특히나 잇몸이 좋단다. 사람, 특히나 여성은 잇몸이 좋으면 모든 게 다 좋은 법이다.

엄마의 본관은 해주란다. 아빠의 본관은 전주이며 고려 중랑장공파의 제25대 손이니 수빈이가 제26대 손이다. 우리 집안은 정말이지 작고 초라하고 내세울 것 없는 집안이다.

1750년대, 이조 왕권의 서슬이 퍼럴 때에, 이 땅에 처음으로 들어온 천주학(지금의 천주교, 양반과 상놈의 구별이 없고 하느님 아래에서는 모든 사람이 평등하다는 평등사상)이 들어올 때부터 우리 선조들은 천주님을 믿었다. 그로 인한 탄압을 피하여 살아남기 위해 6대조 할머니께서 5대조 할아버님을 등에 업고 야반 도주하여 피신하신 곳이 지금의 '전라북도 임실군 신덕면 월성리 459번지'였단다.

관군의 눈을 피해 숨어들었던, 인간의 발길이 쉽게 닿지 않는 험한 산골이었단다.

해방이 되고나서야 평범한 사람들과 함께 사는 세상에 나오기까지 고통과 절망의 세월, 한숨과 눈물의 세월, 가난과 배고픔의 세월, 기다림과 인내의 세월을 보내고서야 겨우 살아남았단다. 우리 집안이야말로 믿음의 대가를 톡톡히 치른 집안이다. 숨어 살아야 했기에 배우지 못했고, 배우지 못했기에 출세하지 못하고, 출세하지 못했기에 가난해야만 했으나 보속은 후손인 우리들이 다 치렀단다.

그리하여 비록 작고 보잘것없는 집안이지만, 그래도 참고 기다릴 줄 알며 서로 사랑하고 용서할 줄 아는 집안이다.

엄마, 아빠는 비록 초라하지만 이 집안을 일으켜 세우고 지키기 위해 평생을 바쳤단다.

이제는 너희들 차례이니라.

아가!

감히 인생을 새 출발하는 너희에게, 서로 이해하고 양보하고 사랑하고 희생하라든가 하는 구차한 말은 하지 않겠다.

'그저 부모님들께서 그동안 직접 몸으로 너희에게 보여주신 모습

그대로만 살아간다면 너희들은 천사라 불림 받을 것이다.' 명심하여라.

아가!

비록 부족하지만 우리 서로 사랑한다면 가히 부족함이 없으리라 생각한다.

사랑한다.

손녀 다인多印에게

다인아! 할아버지다.

먼저 할아버지와 할머니 그리고 사랑스런 우리 손녀 다인과의 만남을 축하한다. 지금 할아버지와 할머니는 '전라북도 완주군 상관면 신리 607 지큐빌 아파트 110동 801호'에 살고 있단다. 하지만 우리 다인이가 성장하여 할아버지의 이 편지를 읽을 줄 알 때쯤이면 아마 이 주소가 달라졌을지도 모르겠구나.

할아버지는 1951년 2월 09일(음)생이니 2013년 현재 우리나라 나이로 63세이며 최대관(베드로)이고, 할머니는 1955년 2월 22일(음)생이니 현재 59세이며 오상례(데레사)란다.

할아버지는 160Cm의 작은 키에 몸무게 59Kg이니 왜소한 체격이지만 긴 눈썹과 강한 인상 그리고 유머와 재치로 많은 사람들로부터 사랑을 받고 있으며 할머니 역시 키는 작지만 둥글고 커다란 눈에 멋진 쌍꺼풀을 가졌으나 몸이 뚱뚱하여 할아버지마저 할머니의 몸무게를 가늠할 수 없단다. 할아버지는 대학에서 전기공학을 전공했지. 젊은 시절 현대건설에서 근무했으며 5,6년 정도 해외에서도 근무했단다.

우리 집안은 대대로 하느님을 믿는 가톨릭 집안으로 할아버지가 카톨릭 6대째라니 아빠와 엄마는 7대째가 되고 우리 다인이는 8대째가 되겠구나. 할머니는 할아버지에게 시집온 다음 해에 세례를 받았으나 지금은 할아버지보다 더욱 열심 하시단다. 할아버지는 현재 완주군 상관면에 있는 상관성당의 '사목회장' 직을 맡고 있으며 작년 말에 수필분야에 등단하여 지금은 늦깎이 수필가로 글도 쓰곤 한단다.

할아버지와 할머니는 젊은 시절 10여 년의 열애 끝에 1981년 12월 27일에 전주 노송동 성당에서 결혼하였으니 금년이 결혼 32년 차이며 결혼 다음해인 1982년 11월 10일(양)에 아빠(최인창, 원래의 이름은 최수빈)를 낳았단다. 아빠를 낳을 당시 할머니의 나이가 28세였고 제왕절개수술로 낳았단다. 아빠를 4.2Kg에 낳았으니 당시에도 상당히 크게 태어났으며 아들이 귀했던 우리 집안에서는 장군감이 태어났다고 모두들 즐거워했고 주위의 사랑을 독차지하며 자랐단다.

아무튼 아빠를 얻은 후 할아버지와 할머니는 세상을 다 얻은 것만큼 행복했고 아빠 역시 할아버지와 할머니의 기대에 부응하듯이 아무런 탈 없이 잘도 자라주었단다. 특히 먹고 자고 일어나는 시간은 단 일 분, 일 초도 틀리지 않고 정확했으며 병원에서 예방주사를 맞을 때에도 울지를 않았단다. 한 가지 흠이 있다면 높은 곳에서 뛰어내리는 것을 그처럼 좋아해 위험한 고비도 수없이 넘겼단다. 여섯 살 때에는 웅변학원 2층 창문에서 옆집 지붕으로 뛰어내려 팔이 부러지는 사고도 있었지만 건강하고 씩씩하게 자라주었단다.

인물 또한 훤해서 초등학교 때에는 주위사람들의 부러움을 많이 받기도 했었다. 할아버지는 아빠에게 음악이나 미술을 전공시키려 했으나 도저히 하려 들지 않아 할아버지가 도중에 포기하고 말았단다. 지금도 아빠의 손을 보면 마치 여자들 손처럼 폭은 좁고 손가락은 길단다. 딱 예술가의 손이다.

아빠는 성장해 감에 따라 공부에는 흥미를 잃고 방황하기 시작하면서 적지 않은 사고도 치며 특히 할머니의 속을 썩였지만 할머니는 할아버지에게 일언반구 말하지 않고 아빠가 다 성장한 후에야 과거사 이야기를 들려주었단다. 할아버지와 할머니는 전폭적인 지원을 아끼지 않았으나 결국은 학업을 중도 포기해서 우리를 실망시켰다. 하지만 아빠가 공부 하기 싫어 안 했을 뿐이지 심성만은 곧고 정직하며 어느 누구 앞에서도 당당하며 약자를 괴롭히거나 강자에게 아부하는 그런 사람은 절대 아니다.

세상사 할아버지만큼 욕심이 많은 사람도 없건만 아빠가 어린 시절 여러 가지 사정으로 인하여 슬하에 아빠 하나만을 둘 수밖에 없었다. 이것이 할아버지의 일생에서 가장 후회되는 부분이다.

그런 아빠가 장성하여 너희 엄마를 맨 처음 할아버지에게 인사시키러 데려왔을 때, 단정한 옷차림과 절도 있는 행동, 당당한 모습 뚜렷한 이목구비에 할아버지도 흡족하여 흔쾌히 결혼을 승낙하고 2011년 12월 17일 유서 깊은 전주 전동성당에서 결혼식을 올렸다. 다다음해인 2013년 2월 1일 그토록 보고팠던 우리 손녀 다인多印을 낳아주었구나. 할아버지와 할머니에게는 생의 두 번째의 큰 기쁨이었단다.

첫째는 아빠를 낳았을 때였고 둘째는 손녀 다인이를 안았을 때였단다. 할아버지와 할머니가 만나 이룩한 것이 무엇이 있겠니. 자식을 얻고 또 그 후손을 얻는 것 만한 기쁨과 행복이 어디 있겠니. 내 혈통이 끊이지 않고 자자손손 이어지는 것, 이것이 만복의 으뜸이지.

만남이란 소중한 것이다. 그것도 다름 아닌 혈육으로의 만남이란 몇 겁의 인연이 맺어져 이루어지는 것이니 만큼 이 인연을 소중히 해야 함을 명심하거라.

원래 우리 다인이의 출산 예정일은 2013년 1월 30일이었으나 우리 다인이가 엄마 태 속에 있는 것이 좋았는지 나오지 않으려 했던 탓에 예정일보다 2일 정도 늦은 2013년 2월 1일 오후 1시 35분에 3.7kg으로 건강하게 태어나 할아버지, 할머니, 아빠, 엄마 그리고 주위의 많은 사람들에게 기쁨을 안겨주었단다. 새 생명이 태어나는 것은 신비하고 성스럽기까지하단다.

아빠와 엄마 그리고 다인이는 서울에 있고 할아버지와 할머니는 시골 전주에 있기에 매일 만나서 안아주지는 못하지만 엄마가 매일 스마트폰으로 우리 다인이의 성장모습을 촬영하여 보내주는 덕에 할아버지와 할머니는 매일 우리 다인이를 만나고 있단다.

우리 다인이의 이름은 한문을 많이 공부하시고 작명에 유명하신 분께 부탁하여 지었단다.

다多자는 '많다'라는 뜻으로 다복, 다산, 유복, 풍요함을 뜻하는 글자이며 인印자는 '도장'을 뜻하지만 그 숨은 뜻은 '결재'를 의미하는 말로써 '관직'을 의미하기도 한다. 우리 다인이는 여자이지만 사주에 관복이 있다 하여 도장 인 자를 사용하였다.

사랑하는 다인아 !

할아버지와 할머니가 우리 다인이에게 부탁이 있단다.

첫째 건강하게 자라다오.

둘째 아빠와 엄마 그리고 이웃에게 감사할 줄 아는 사람이 되어라.

셋째 공부 잘하는 사람보다는 마음이 따뜻한 사람이 되어라.

넷째 자신보다는 네 이웃을 사랑하는 사람이 되어라.

다섯째 하늘을 공경할 줄 아는 사람이 되어라.

우리 다인이가 성장하여 이 글을 읽을 때쯤이면 할아버지는 더 늙어 있겠지, 아니면 먼 나라에 가서 우리 다인이를 지켜보고 있겠지.

다인아, 사랑한다!

할아버지가 사랑하는 손녀 다인多印에게

손녀와의 만남

내 손녀의 이름은 '최다인'이다. 성 최崔, 많을 다多, 도장 인印 자로 지었다. 여자아이 이름이 좀 어색한 것 같지만 풍요롭고 다복하라고 多 자를, 사주에 관복이 있다 하여 印 자를 택했다. 印 에는 관복이나 벼슬의 의미를 포함하고 있다.

손녀딸은 2013년 02월 01일 오후 1시 35분에 서울에서 태어났으니 오늘로 태어난 지 만 2개월이 되었다. 나는 자식이라고는 무녀독남 아들 하나만을 두었고 그 아들이 결혼하여 내 나이 63세에 첫 손녀를 안겨주었으니 무척이나 귀한 손녀다. 우리 내외는 전주에서, 아들 내외는 서울에서 살고 있어 자주 만나지는 못하지만 거의 매일 전화로 안부를 묻곤 한다. 손녀가 태어날 즈음 손녀를 빨리 보고픈 급한 마음에 출산 예정일에 맞추어 서울에 올라갔으나 예정일보다 늦어진다 하여 다시 전주로 내려오는 버스 안에서 3.7kg의 건강한 손녀가 태어났다는 희소식을 접했다. 반나절을 참지 못하고 서둘러 내려오는 바람에 손녀딸의 얼굴도 보지 못했으니 무척이나 궁금하고 서운했다. 눈은 코는 입은 귀는 어떻게 생겼는지, 할아버지를 닮았는지 할머니를 닮았는지도 궁금했지만 꾹 참고 시골로 내려올 수밖에 없었다. 손녀가 태어나고 3주가 지나 산후조리원에서 퇴원한 후에야 할아버지와 손녀는 첫 대면을 하였다. 3주가 실로 3년같이 느껴졌다. 처음으로 손녀를 품에 안아보는 할아버지와 난생처음으로 할아버지 품에 안겨보는 손녀! 이제 갓난 손녀야 어찌 그 진한 감동을 알리오마는 내 핏줄, 내 후손을 처음으로 피부로 느껴보는 그 순간의 진한 감동은 오래도록 내 기억에 남을 것이다.

지금으로부터 31년 전, 내가 처음으로 아들을 얻었을 때 내가 아빠가 되었다는 뿌듯함보다는 아빠로서의 책임감과 남들처럼 훌륭한 아빠가 될 수 있을까 하는 부담감도 있었지만 더욱 더 열심히 살아야 한다는 새로운 각오의 전환점이 되기도 했다.

손녀를 처음으로 품에 안아보던 날, 아들을 처음 얻었을 때 일었던 그 감정이 똑같이 솟구쳤다. '나는 너의 훌륭한 할아버지가 되어야 한다. 든든한 후원자가 되어야 하고 생의 스승이 되어야 하고 삶의 표본이 되어야 한다.'는 비장한 각오를 새로이 썼다. 손녀가 태어난 후로 아들 내외가 스마트폰으로 손녀를 촬영하여 거의 매일 보내준 덕분에 직접 손녀를 마주보고 안아줄 수는 없었지만 성장과정은 쭉 지켜볼 수가 있었다. 구식 핸드폰으로 손녀딸의 사진을 보고 있노라면 신기할 뿐이다. 아빠와 엄마의 사랑의 결실로 겨자씨만 한 한 점에서 출발하여 새 생명이 탄생함은 마치 이른 봄에 메말랐던 어린 나뭇가지에서 새순이 돋는 것 같은 대자연의 신비스러움을 느낀다. 이런 광경을 곁에서 지켜보던 아내가 할아버지의 핸드폰이 너무나 작다고 3주 전에 최신형 스마트폰으로 교체해주어 지금은 더 크고 선명한 화면으로 손녀딸을 지켜볼 수 있다. 지난주에는 손녀딸 50일 기념촬영 사진을 e-메일로 보내주었기에 컴퓨터 화면에 깔아놓고 보고 싶으면 아무 때나 쳐다본다. 이것이 요즘 나의 즐거움의 하나가 되었다.

어제는 수필 강의를 받으러 시내에 나갔다가 손녀딸의 사진을 4장이나 크게 확대, 현상하여 우리 부부가 함께하는 시간이 가장 많은 식탁 주위에 쭈~욱 걸어놓았더니 아내도 무척이나 좋아하고 집안 분위가 확 바뀐 것 같다. 어느 집이든 새 생명의 울음소리가 들려야 한다. 그것은 신의 축복이다

이마에서 코로, 인중으로, 입으로, 턱으로 이어지는 선이 굵고 선명하다. 꼭 다문 입은 야무지고 보통이 아닐 성싶다. 이제는 네가 할아버지와 할머니의 꿈이요 희망이다.

다행히도 아이는 아주 잘 먹고 건강하게 잘 자라고 있다. 한 가지 아쉬운 점은 모유가 부족하여 엄마젖을 물리면 원하는 만큼 흡족하게 빨리질 않아 칭얼댄단다. 그래서 분유를 함께 먹이고 있지만 건강

하다니 얼마나 다행인가!

오늘 아침에 아내가 외출을 하면서 손녀딸의 사진을 바라보며 "다인아! 할머니 다녀올게." 하며 다녀오더니만 점심식사 때에는 첫 숟가락을 듬뿍 뜨더니 손녀딸 사진에 갔다대며 "다인아! 밥 먹어라." 하며 농담을 한다.

자연이나 사람이나 모두 사랑을 먹고 산다. 비록 멀리 떨어져 있지만 할아버지와 할머니의 사랑이 우리 다인이에게 꼭 전달되리라 믿는다.

다인아! 사랑한다.

초보 수필가의 아내

나는 금년 가을 《대한문학》 수필 부분에 도전하여 당선되었다. 그러므로 나는 초보 수필가가 되었다. 나의 최종학력이 친구들에 비하여 상대적인 박탈감을 안겨 주었으나 그래도 명색이 수필가라는 타이틀을 거머쥐었으니 그나마다소 위안이 된다. 나는 금년 3월에 '전북대학교 평생교육원 수필반' 에 등록하고 60이 넘어 문학에 첫발을 디뎠다. 늦깎이이기에 딴에는 열심히 한다고는 했으나 기초가 비약한 탓에 터덕거릴 수밖에 없었다. 글을 시작하면서 느낀 것은 평소에는 별 불편 없이 사용했던 한글의 맞춤법이며 띄어쓰기의 어려움을 새삼 느꼈다. 다행히도 지도교수님이 나보다는 훨씬 연배이시고 소탈하신 분이기에 마음의 부담은 덜었다, 남들은 수필을 공부하는 사람들이라면 학창시절 문예반을 연상하여 젊고 발랄한 사람들만 있을 거라 생각한다. 하지만 막상 수필반에 와보니 절반 정도는 현직에서 물러나신 연세 지긋한 분들이었다. 이것 또한 나에게는 다행이었다. 매주 최소한 한 편 정도의 수필을 쓰고 교수님께 보여드리고 떨리는 가슴으로 평을 기다렸다. 그러다 보니 잘 썼건 못 썼건 간에 30여 편 정도의 작품을 완성했다. 프로작가라 해서 쓰는 글마다 명작이 될 수 없고, 유명한 감독이 제작한 영화도 흥행하지 못하고 사장되는 경우도 많지 않던가. 자기磁器를 굽는 도공陶工은 자신이 기대했던 수준 이하의 작품은 비정하리만큼 부숴버리고 만다. 하물며 자신의 체중도 이기지 못하고 뒤뚱거리며 걸음마를 배우는 어린애 같은 나의 글이야 오죽했으랴. 하지만 넘어지는 것이 두려워 앉아만 있다면 영영 걸음마를 배울 수 없듯이 남의 혹평이 두려워 글쓰기를 포기한다면 더 나이 들어 가슴을 치며 후회할 날이 꼭 오고 말 것이다.

지금까지 수십 편, 수백 편의 영화를 감상했지만 지금까지 나의 기억 속에 남아있는 영화는 과연 몇 편이나 되는가. 〈벤허〉, 〈누구를 위하여 종은 울리나〉, 〈기적〉, 〈십계〉 같은 명화는 수십 번을 보아도 싫증이 나지 않듯이 내 손으로 직접 쓴 글들 중에서도 마음에 드는 글이 있는가 하면 버리고 싶은 글들도 많다. 응모 당시 3편을 제출하라는 《대한문학》의 요청에도 불구하고 나는 욕심 사납게 4편을 골라 퇴고를 거듭하여 제출했다. 〈남편의 자격증〉외 3편, 도합 4편의 글을 제출한 이유는, 3편 중에서 당선될 만한 글이 없으면 탈락하지나 않을까 하는 두려움에 한 편은 여유있게 제출한 것이다. 제출한 작품들의 내용이 모두 내 집안에 관한 이야기들이고 특히나 아내와 아들에 대한 내용들이 많았다. 작품을 제출할 때까지도 아내에게 말하지 않았다. 혹여 낙방이라도 하면 아무리 집사람이지만 얼마나 창피한 일이겠는가 하는 생각에서였다. 다행히 당선은 되었다.

《대한문학》 겨울호에 신인 문학상 당선자들의 사진과 작품들이 실렸다. 간단한 약력소개와 사진도 함께 실렸다. 나의 사진 및 작품이 맨 뒤에 실린 것을 보면 아마 꼴찌로 당선이 된 것이 아닌가 싶다. 하지만 나에게 그것은 그리 중요치 않다. 꼴찌라도 좋으니 당선된 것에 감사할뿐이다. 금번에 낙방을 했다면 또 얼마나 가슴 조이며 얼마를 기다려야 할 것인가, 그것이 두려웠다.

여기에 실린 나의 사진은 1988년에 여권을 만들기 위해 촬영한 사진이니 무려 25년 전의 사진이다. 나는 작품의 내용보다는 사진이 마음에 들었다. 이 한 장의 사진으로 인해 나는 타임머신을 타고 25년 전의 역사여행을 떠날 수 있기 때문이다. 나도 이처럼 곱고 젊었을 때가 있었구나 하고 생각도 해보지만 뒤집어 생각하면 25년 후의 나의 모습은 과연 어떤 모습일까 두렵다.

나의 글이 난생처음 활자화 되어 세상에 나왔다. 《대한문학》에서 보내준 70여 권의 책을 선물할 사람들의 명단을 작성해보니 100명이 훨씬 넘는다. 여기에서도 옥석은 가려야겠다.

나보다는 아내가 더 신이 난 것 같다. 동네 슈퍼 주인, 미장원 원장 그리고 손님들에게도 수필집을 공짜로 나누어주며 조금은 더 보태어

남편을 자랑하는가 보다. 이제 아내는 시골 구멍가게 아줌마에서 초보 수필가의 아내로 등극을 했다. 그러하니 아내도 내 글을 읽었나 보다. 작품이 잘되고 못되고를 떠나 고생만 시키고도 미안해 할 줄도 모르는 남편인 줄 알았는데 속마음은 그것이 아니었구나 하고 생각하는 것 같다. 그러니 서비스가 달라졌다.

며칠 전에 《대한문학》에서 한 통의 우편물이 집에 도착했다. 내용인즉 11월 17일(토요일)에 신인수상자 행사가 있으니 참석해달라는 내용이었는데 아내의 눈치가 이상했다.

나는 신한카드를, 아내는 현대카드를 사용한다. 어제 아침 출근을 준비하는 나에게 내 신용카드를 좀 주고 가란다. 왜냐고 물으니 할부로 사야 할 것이 있는데 현대카드로는 안 된다기에 별 생각 없이 카드를 꺼내 주고 출근을 했다. 하루 종일 업무에 시달리다 집에 와보니 옷장에 아내의 새 옷이 걸려 있었다. 순간 나는 '아~하, 아내가 저 옷을 입고 내 수상식행사에 참석하여 빛내주려고 그랬구나!' 괜히 코끝이 찡하게 저려온다. 아내는 나보다 생각이 깊은가 보다. 초보수필가가 뭐 그리 대단한 것이라고.

오지랖이 넓어서

말로 설명할 수도 없고 이해도 안 되지만 어느 동네, 어느 단체 그리고 어느 모임이든 미운오리마냥 싫은 사람이 꼭 하나씩은 있기 마련이다. 그 사람 보기 싫어 학교 가기가 지겹고, 그 사람 때문에 회사 가기 짜증나고, 그 사람의 그림자도 보고 싶지 않아 성당에도 가고 싶지 않을 만큼 미운 사람이 있다. 세상에 그 사람만 없으면 살 것 같이 미운 사람이 있다. 주는 것도 없는데 괜히 미운 사람. 오늘 이 시간, 혹여 내가 그 사람은 아닌지 성찰해 봐야겠다.

그뿐만이 아니고 어디에 가든 떠벌리며 아는 체하고 잘난 척하는 사람이 있다. 이런 사람과 말이라도 섞으면 끝내는 시비가 붙고 백발백중 뒤끝이 좋지 않으니 피하는 게 상책이다. 이것이 끝이라면 그나마 얼마나 좋으련만 온 동네를 쏘다니며 동네 일이란 일은 모두 간섭

하며 여기에다 이 말 옮기고 저기에다 저 말 옮기며 마치 자기가 무슨 재판관이라도 되는 양 제법 판결까지 내리니 동네사람 싸움 붙이기 십상이다.

그런데 이런 사람치고 자기 집안 일 하나 딱 부러지게 꾸려나가는 사람 못 보았다. 그도 그럴 것이 다른 사람들은 자기 일 하기도 바쁜 세상에 남의 일 간섭하느라 언제 제 일 하겠는가. 그러니 부부싸움은 하루가 멀다 하고 벌어질 것은 불을 보듯 뻔한 일이다. 그뿐이랴. 한 뱃속에서 나온 자식들도 소견머리가 제각각이니 하는 짓도 그렇고 모두가 제멋대로다. 지게 지고 벌어오는 자식이 있는가 하면 갓 쓰고 말아먹는 자식도 있으니 치료할 처방전을 작성할 수가 없다.

지푸라기 하나라도 집안으로 끌고 들어오는 자식이 있는가 하면 오지랖이 넓어 제 것 아까운 줄 모르고 퍼주는 자식도 있다. 남에게 퍼주는 것이 아까워서가 아니고 오지랖 넓은 사람치고 제 식구 건사 잘하는 사람 별로 못 보았기 때문이다. 오지랖도 사람의 크기에 따라 대, 중, 소로 구분이 되어야지 사람은 작은데 오지랖만 넓으면 처자식 고생시키는 것은 일도 아니다. 꼭 나처럼 말이다.

4년 전쯤의 일로 기억한다. 우리 성당에서 수년 간 근무하고 경상도 어느 성당으론가 전근가신 수녀님이 얼마 전에 아내에게 전화를 하셨단다. 수도자와 신자 간에 무슨 특별한 관계가 있었겠냐만 구신자舊信者인 나로서는 우리 성당에 부임해 오시는 신부님이나 수녀님들께는 상당한 관심과 물질적인 배려도 아끼지 않았다. 이분들의 처지를 잘 알고 있는지라 별 불편 없이 생활하실 수 있도록 해드리고 싶은 심정에서였다. 수녀님의 전화 내용인 즉 당신께서 일을 하다가 넘어져 손과 발이 부러져 일명 깁스를 하고 병원에 입원 중이란다. 그것도 공주 시내에서도 한참을 산속으로 들어가야 나오는 수녀회 소속 부속병원인데 따분하니 위문공연을 와 달라는 내용이었다. 아니, 내 오지랖이 넓어도 유분수지, 그동안 수녀님과 연을 맺은 신자들만도 수천, 수만 명은 족히 될 것이고 그중에서도 소위 잘나간다는 사람들도 수백, 수천일 터인데 왜 하필이면 나란 말인가. 오죽 우리 부부가 보고 싶고 그리웠으면 그러셨을까 하는 생각에 택일에 들어갔다. 마치 선택받은 듯 기쁜 마음으로…….

하나뿐인 아들이 그 어렵다는 군대생활을 할 때에도 훈련소에서부터 제대하고 집에 올 때까지 단 한 번도 면회를 가지 않았던 성질 고약한 내가 수녀님 면회라니 기가 찰 노릇이었다. 그것도 맨 몸이 아닌 맛있는 떡을 두 말이나 준비하고 봄 과일 세 상자 그리고 위로금으로 금일봉도 준비했다. 수녀님과 만나기로 약속한 시간보다 넉넉한 시간을 두고 출발했다. 날씨는 맑고 바람은 시원했다. 모처럼의 부부간 장거리 드라이브에다 보고 싶은 수녀님을 만난다는 기쁨에 조금은 상기된 아내를 널찍한 승용차 뒷좌석에 태우니 미리 세차한 깔끔한 승용차도 신이 났는지 조용히 고속도로를 달렸다. 4년 만의 재회였다. 무슨 말이 필요하였겠는가. 말없이 두 손을 꼭 잡고 '주님의 기도' 로 만남의 문을 열었다. 3시간 정도의 짧은 만남이었으나 와서 보니 오길 잘했다는 생각과 다음을 기약할 수 없다는 무거운 마음을 함께 가슴에 담고 발길을 돌렸다.

수도자의 길이 얼마나 힘들고, 외롭고, 고통스러운가를 잘 아는 나이기에 마음이 쓰리고 저려왔으나 어찌 그 마음을 얼굴에 그릴 수 있었을까! 마치 어린 누이동생을 깊은 산속에 홀로 남겨두고 오는 심정 같은 것. 그 이별의 순간에 기도 말고 무슨 위로의 말이 필요했겠는가. 그저 '수녀님! 부디 영육간에 건강하세요.'라는 기도뿐 아무것도 없었다.

금년에도 부활절의 공식 일정이 모두 끝났다. 부활절 7주 전부터 교회의 공식 일정이 시작된다. 이 기간 동안에는 일반신자들도 수도자도 신부님도 모두가 힘들어 하신다. 그래서 부활절이 되면 예수님은 부활하시지만 반대로 교회 관계자들은 사망 일보 직전이다. 하지만 금년에도 아무런 탈 없이 성스럽게 부활절 행사를 모두 마쳤다. 그동안 수고하신 수녀님 두 분을 모시고 교외의 한적한 식당에서 마음 편히 마음껏 드시라고 좋아하시는 음식을 대접해 드렸다. 얼마나 좋아하시던지 바라보는 우리 부부의 마음이 더 행복했다. 이분들과의 이별도 머지않았다. 곧 이별의 쓴 잔을 함께 나누어야 한다. 하지만 서로의 만남이 아름다운 추억이 되어 우리 가정을 위해 늘 기도해 주실 것이다. 이만하면 내 오지랖도 좁은 편은 아닌가 보다.

자신을 발견한 나들이

외출하고 집에 돌아올 때면 제일 먼저 눈길이 가는 곳은 아파트 1층 현관에 설치된 우편함이다. 기쁜 소식을 싣고 온 사연은 없나 하며 살펴보기 시작한 것이 지금은 습관이 되어버렸다. 하지만 기대가 크면 실망 또한 크다고 했다. 이처럼 한적한 시골에 묻혀 사는 내가 좋은 소식을 기다리는 것 자체가 실망 그 자체다. 하지만 찾아오는 이 없고 불러줄 곳도 없으니 은근한 기다림은 무료한 일상을 벗어나고픈 간절한 소망이다.

우편함에서 내용물을 꺼내 보는 순간 내 꿈은, 우수 경칩이 지났건만 아직도 옷깃을 여미게 하는 찬바람에 차여 아무렇게나 굴러다니는 말라빠진 나뭇잎처럼 사정없이 내팽겨쳐진다. 온통 고지서에 가끔씩 함께 섞여 있는 것은 고작 부고장이나 청첩장이니 이제는 우편함을 쳐다보기도 겁이 난다. 사람이 사람을 미워하기 시작하면 아무리 예쁜 짓을 해도 밉게 보이는 것처럼, 한 번 미워진 우편함은 좀처럼 내 마음을 돌려놓지 못했다. 마치, 몇 해 전 남수단에서 선교활동을 하시다가 끝내 병마를 이기지 못하고 돌아가신 고故 이태석 신부님의 묘소를 찾아뵙자는 어느 수녀님과 함께 전남 담양 근처의 성당 공동묘지를 찾았을 때 보았던 납골당처럼 영 마음에 와 닿질 않는다. 모두 같은 크기에 동일한 색깔로 장식된 납골당은 냉기마저 들었다. 살아생전 아파트에 사는 것도 지겨운데 죽어서까지 재건축을 기다리는 허름한 아파트 같은 곳에서 산다는 것이 내키질 않았다.

지난달 말 거절할 수 없는 청첩장을 받았다.

"일시: 2013. 3. 9. 장소: 서초구 반포 4성당" 내용은 옛 동료의 여식을 시집보낸단다. 친구들의 애경사가 있을 때마다 서울까지 나다니는 것이 귀찮아 염치불고하고 통장으로 일을 처리하던 내가 몇 번을 망설이고 있던 차에 "3월 8일 19시 교대역 1번 출구 ○○식당"에서 동창모임이 있다는 통지를 받았다. 8일 오후에 출발하여 당일 저녁 친구 모임에 참석하고 다음날 아침 결혼식에 참석하면 한 번 서울에 올라가 두 곳을 모두 둘러볼 수 있으니 올라가기로 결심했다. 내 성격상 편한 옷차림에 머리도 있던 모양 그대로 올라가려는데 아내는 곁에서 성화다. 모처럼 친구들을 만나러 가는데 옷은 두 해 전 아들 장가보낼 때 장만하여 한 번 입고 내팽개쳐둔 예복을 입고 미장원에 들러 머리 손질도 하고 가란다. 말로는 그렇게 하겠다고 건성으로 대답하고는 내 뜻대로 차려입고 올라갔다.

나를 실은 고속버스는 내 마음도 모른 채 서울을 향해 잘도 달려갔다. 버스에 몸을 맡긴 나는 또 한 번 고독한 철학자가 되었다. 나는 지금 왜? 무엇 때문에 서울에 올라가고 있는가? 나 자신에게 물어보고 그 답을 묻는다. 이유는 분명하다. 그것은 나의 현실이 참담하다고 생각하기에 늘 불안한 내 자신을 나와 동등한 위치에서 함께 동시대를 살아온 동료들과 비교해 보면서 그들 또한 나와 별 차이가 없음을 발견하고 위로받기 위함이었다. 하지만 두려웠다. 서울이 크고 화려한 만큼 그들이 나보다 훨씬 낫다고 판단된다면 나의 상대적 박탈감은 더 이상 피할 수 없는 현실이 될 터이니 괜히 올라가는 것은 아닌지 돌이킬 수 없는 후회도 했다.

그러는 사이 한때 내가 살던 서울에 도착했다. 복잡한 거리, 아슬아슬한 자동차들의 질주, 화려한 불빛, 매캐한 자동차 배기가스 냄새 그 사이에서 수도 없이 많은 사람들이 부대끼며 열심히 용케도 잘도 살아가고 있다. 이들은 분명 나보다 탁월한 능력을 갖춘 사람들이 분명하다. 나는 이러한 현실 속에서 숨이 막힐까봐 탈출한 사람이 아니던가.

1차 모임은 08일 저녁 7시에 교대역 1번 출구에서 백여 미터쯤 떨어진 곳에 위치한 삼겹살집이었다. 이 모임의 회원들은 원자력 발전소에 근무해 본 경험이 있는 사람들만 모이는 자리다. 나는 의도적으로 약속시간보다 근 30분 정도 늦게 도착했다. 이미 30여 명 정도의 회원들이 비좁은 자리에 빙 둘러 앉아 가마솥 뚜껑 위에서 지글거리며 익어가는 삼겹살에 곁들여 소주를 마시고 있었다. 예상은 했지만 여기저기에서 떠들어대는 소리, 뿌연 연기, 삼겹살 지글거리는 소리, 건배 소리 등, 내가 역겨워하는 소리는 다 모였다. 한쪽에 자리를 잡은 나는 내가 자신들을 관찰하고 있다는 사실을 눈치채지 못하도록 하면서 쭉 훑어보았다. 이미 반백이 되어버린 사람, 큰 수술을 했다고 술을 사양하는 사람, 앞머리가 홀라당 벗겨진 사람, 살이 찐 사람 등 모두가 예전 같진 않았다. 옛날 같았으면 과장이다 차장이다 부장이다 하여 감히 맞술을 못했을 사람들이 이제는 모두 60을 넘겼으니 어리면 동생이고 연상이면 모두 형님이다. 세월은 아무에게도 비껴가질 않았다. 이 자리에서 만큼은 선배의 위세는 없었다. 세월이 모두를 똑같게 만들었다. 그리고 나는 보고 깨달았다. 이들도 나와 똑같은 삼겹살을 먹고 같은 소주를 마시는 평범한 사람들이란 사실을, 그리고 내 고정된 생각에서 한 발짝만 벗어나면 모두가 비슷하단 사실을.

두 번째 모임은 동료직원이었던 친구 여식을 시집보내는 자리였다. 어렵게 찾아간 서초구 반포 4성당에는 이미 선후배님들이 많이 와 있었다. 너무나 오래되어 이름조차 기억에서 희미해진 사람들도 많았다. 모두들 밝은 표정으로 서로에게 안부를 물으며 분위기가 무르익을 무렵 다음에 또 보자며 나는 일찍 자리에서 일어났다. 모두들 말쑥한 옷차림에 겉으로는 아무런 근심 걱정이 없다는 듯 웃고는 있지만 그들 역시 나와 똑같이 무릎이 아픈 사람도 있을 터이고 아직 취업을 못 한 자식 때문에 고민하는 사람들도 분명 있을 게다. 그저 평온한 척 내색을 하지 않을 따름이지 어찌 그들인들 삶의 고뇌와 십자가가 없겠는가.

그저 우리들은 평범한 사람들로 살아가고 있음을 발견했다. 이틀간의 외출을 마치고 집으로 향하는 버스 안에서 마치 아무렇게나 쑤셔넣어도 되는 지친 나그네의 낡은 가방처럼 내 몸을 한쪽 구석에 부려버렸다.

그리고 나는 보았다. 그들의 십자가를, 마치 어두운 밤에 교회의 첨탑 위에 위태로이 걸려있는 붉은 십자가를, 다시는 남과 비교하지 않으리.

그대 내 곁에 있어 주었기에

인쇄 2017년 8월 18일
발행 2017년 8월 23일

지은이 최대관
발행인 서정환
펴낸곳 수필과비평사
주소 서울시 종로구 삼일대로 32길 36(익선동 30-6 윤현신화타워 빌딩)305호
전화 (02) 3675-5633, (063)275-4000.0484
팩스 (063) 274-3131
이메일 essay321@hanmail.net
출판등록 제300-2013-133호
인쇄 · 제본 신아출판사

ISBN 979-11-5933-108-4 03810
값 13,000 원

「이 도서의 국립중앙도서관 출판예정도서목록(CIP)은 서지정보유통지원시스템 홈페이지(http://seoji.nl.go.kr)와 국가자료공동목록시스템(http://www.nl.go.kr/kolisnet)에서 이용하실 수 있습니다.(CIP제어번호: 2017020818)」

Printed in KOREA